This is
Van Gogh

디스 이즈 반 고흐

초판 1쇄 인쇄 2015년 10월 10일
초판 1쇄 발행 2015년 10월 20일

지은이 조지 로담
일러스트레이션 슬라와 하라시모비치
옮긴이 이현지
펴낸이 김지훈
펴낸곳 도서출판 어젠다

출판등록 2011년 7월 26일 (제2015-000263호)
주 소 서울시 마포구 양화로 7길 61-6(서교동)
전 화 (02)333-5897 | 팩스 (02)333-8460
이메일 agendabooks@naver.com

ISBN 978-89-97712-20-5 03600
이 도서의 국립중앙도서관 출판시도서목록(CIP)은 e-CIP홈페이지(http://www.nl.go.kr/ecip)와
국가자료공동목록시스템(http://www.nl.go.kr/kolisnet)에서 이용하실 수 있습니다.(CIP제어번호: CIP2015024721)

This is Van Gogh

디스 이즈 반 고흐

글 **조지 로담**George Roddam
일러스트레이션 **슬라와 하라시모비치**Sława Harasymowicz
옮김 **이현지**

AgendA

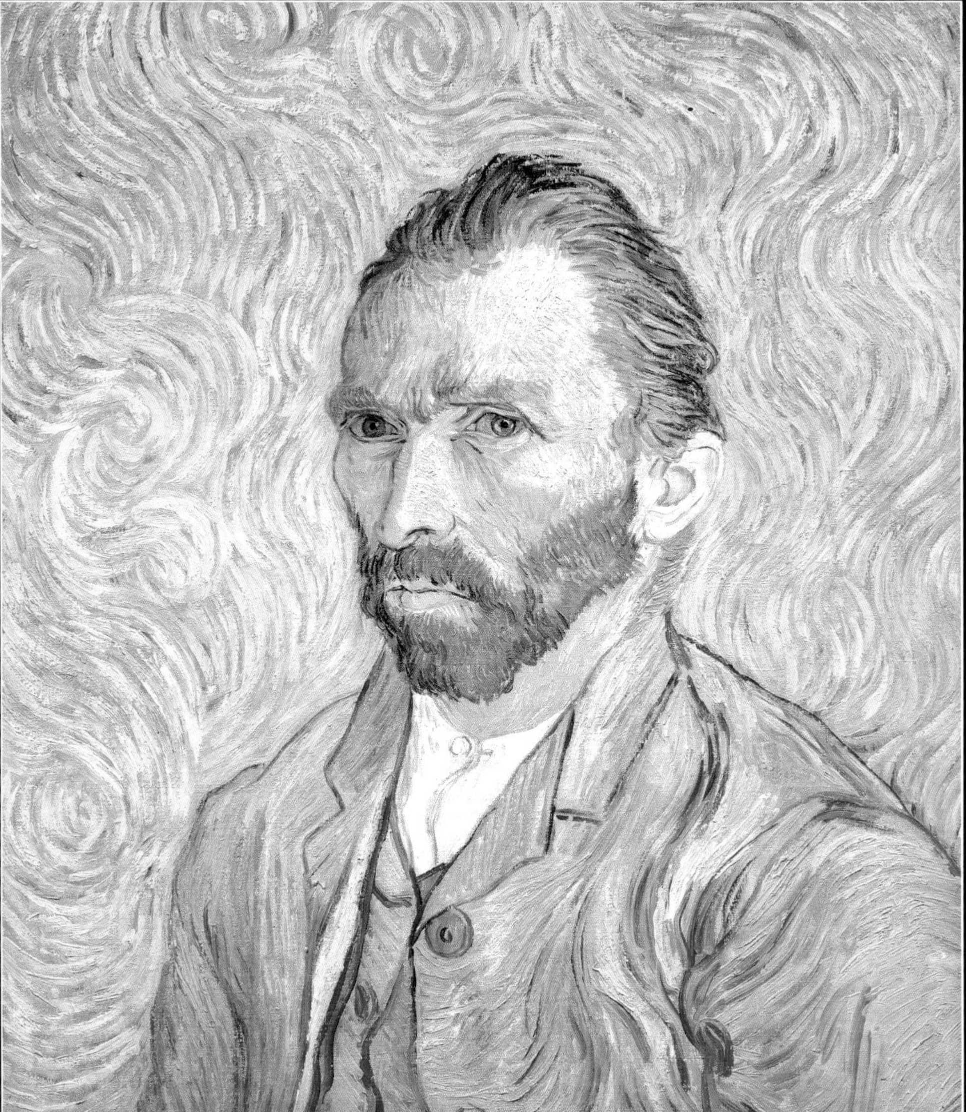

자화상
Self-Portrait

빈센트 반 고흐, 1889

캔버스에 유채
65 × 54.5 cm (25⅝ × 21½ in)
오르세 미술관

빈센트 반 고흐Vincent Van Gogh는 주변에서 일어나는 일들에 대한 자신의 격정적인 감정을 표현하기 위해 그림을 그렸다. 그는 자연의 아름다움에 도취되고 인간의 존재를 고뇌하며 가장 감성적인 인상주의 작품을 탄생시켰다. 그리고는 짧은 생을 비극적으로 마감했다. 반 고흐의 이 자화상은 그가 세상을 떠나기 1년여 전의 모습이다. 그는 정신적 고통을 호소하듯 괴로운 표정을 짓고 있으며 파란 눈초리가 매섭다. 그의 시선은 그림을 바라보는 사람들을 향하고 있지만, 깊게 패인 이마의 주름과 초점 없는 눈동자는 자신만의 세계에 깊이 빠져 있음을 잘 보여준다. 뒤로 심하게 뒤틀리고 꼬인 파란 색의 배경도 불안한 정신 상태를 잘 말해 주고 있다.

동시대를 살았던 사람들은 그를 미치광이라고 여겼고 그는 실제로 정신불안증세로 괴로워했다. 이 자화상 또한 그가 자진해서 들어간 프랑스 남쪽의 정신병원에서 그렸다. 하지만 고흐의 그림은 미친 사람의 것이 아니다. 이 초상화는 고흐를 인상파 화풍으로 이끌어준 동료 화가들의 혁신적인 기법을 인용해서 그린 작품이다. 고흐가 사랑해 마지않던 남동생 테오Theo와 주고받은 수백 통의 편지를 보면, 자신의 화풍과 화가로서 지향했던 내용들이 고스란히 적혀 있다. 반 고흐는 자신이 선호하는 선명한 색채와 선이 인생의 황홀함과 절망감을 모두 전달할 수 있게 해준다고 생각했다.

네덜란드에서의 유년기

1853년 3월 30일, 반 고흐는 벨기에 국경과 가까운 네덜란드의 작은 마을인 그루트 준데르트Groot Zundert에서 태어났다. 고흐의 인생관에 많은 영향을 끼친 아버지 테오도루스Theodorus는 차분하고 독실한 네덜란드 개신교 목사였다. 제본업자의 딸이었던 어머니 안나Anna는 그에게 독서의 즐거움을 알려주었다. 반 고흐는 그녀로 인해 일생을 책과 가깝게 지냈다.
반 고흐의 유년기는 그의 비극적인 삶과는 거리가 멀어보였다. 부모님은 사이가 좋았고 다섯 형제들과도 잘 어울려 지냈다. 특히 여동생 윌레미나Willemien, 남동생 테오Theo와 사이가 좋았고 고흐가 숨을 거둘 때까지 가깝게 지냈다. 테오도루스의 수입은 그리 좋은 편이 아니었고 살고 있는 집도 매우 검소했다. 하지만 그는 다섯 자녀의 교육과 각자의 재능의 개발을 위해서 전적으로 지원했다. 그의 친척들도 아이들의 시야를 넓히기 위해 많은 도움을 줬다. 미술 거래상에서 일하는 반 고흐의 세 삼촌, 헨드릭Hendrick, 빈센트Vincent, 그리고 코르넬리스Cornelis는 후에 반 고흐와 테오에게 거래상의 일자리를 제공했다.

비극의 징표

평온한 어린 시절에 그의 비극적인 삶을 암시하는 것이 하나 있었다. 정확히 반 고흐가 태어나기 일 년전 그의 형 반 고흐가 태어나자마자 죽었다. 반 고흐는 그의 죽은 형의 이름을 물려받았다. 가족의 역사인 이 사건은 반 고흐가 죽을 때까지 그의 뇌리에서 떠나지 않았다. 그래서인지 사진 속의 어린 반 고흐는 얌전하고 생각이 깊어 보인다.

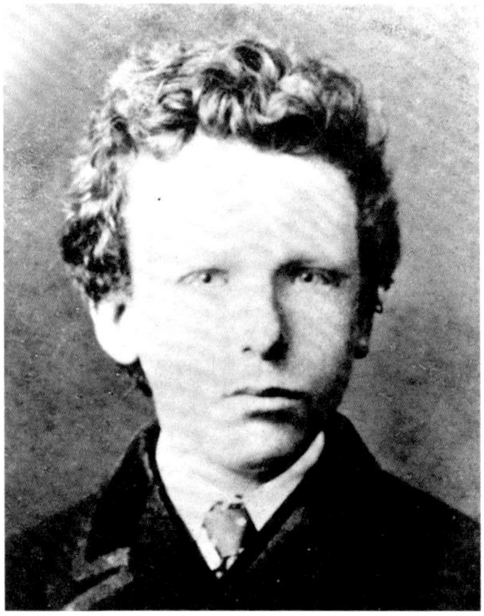

13세의 학생 빈센트 반 고흐
Vincent Van Gogh as a pupil, 13years old

증명사진, 1866

반 고흐 박물관, 암스테르담
빈센트 반 고흐 재단

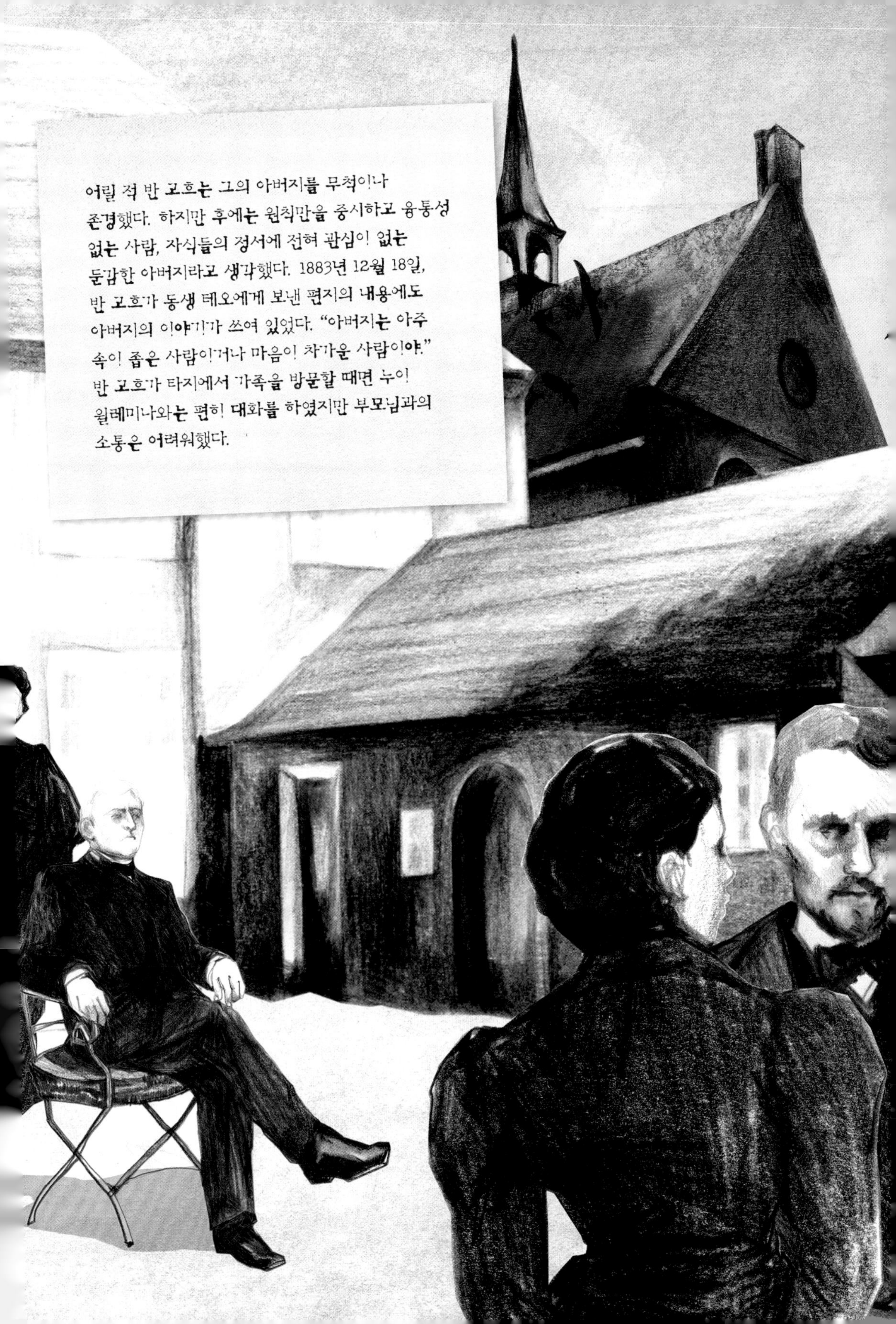

어릴 적 반 고흐는 그의 아버지를 무척이나 존경했다. 하지만 후에는 원칙만을 중시하고 융통성 없는 사람, 자식들의 정서에 전혀 관심이 없는 둔감한 아버지라고 생각했다. 1883년 12월 18일, 반 고흐가 동생 테오에게 보낸 편지의 내용에도 아버지의 이야기가 쓰여 있었다. "아버지는 아주 속이 좁은 사람이거나 마음이 차가운 사람이야." 반 고흐가 타지에서 가족을 방문할 때면 누이 윌레미나와는 편히 대화를 하였지만 부모님과의 소통은 어려워했다.

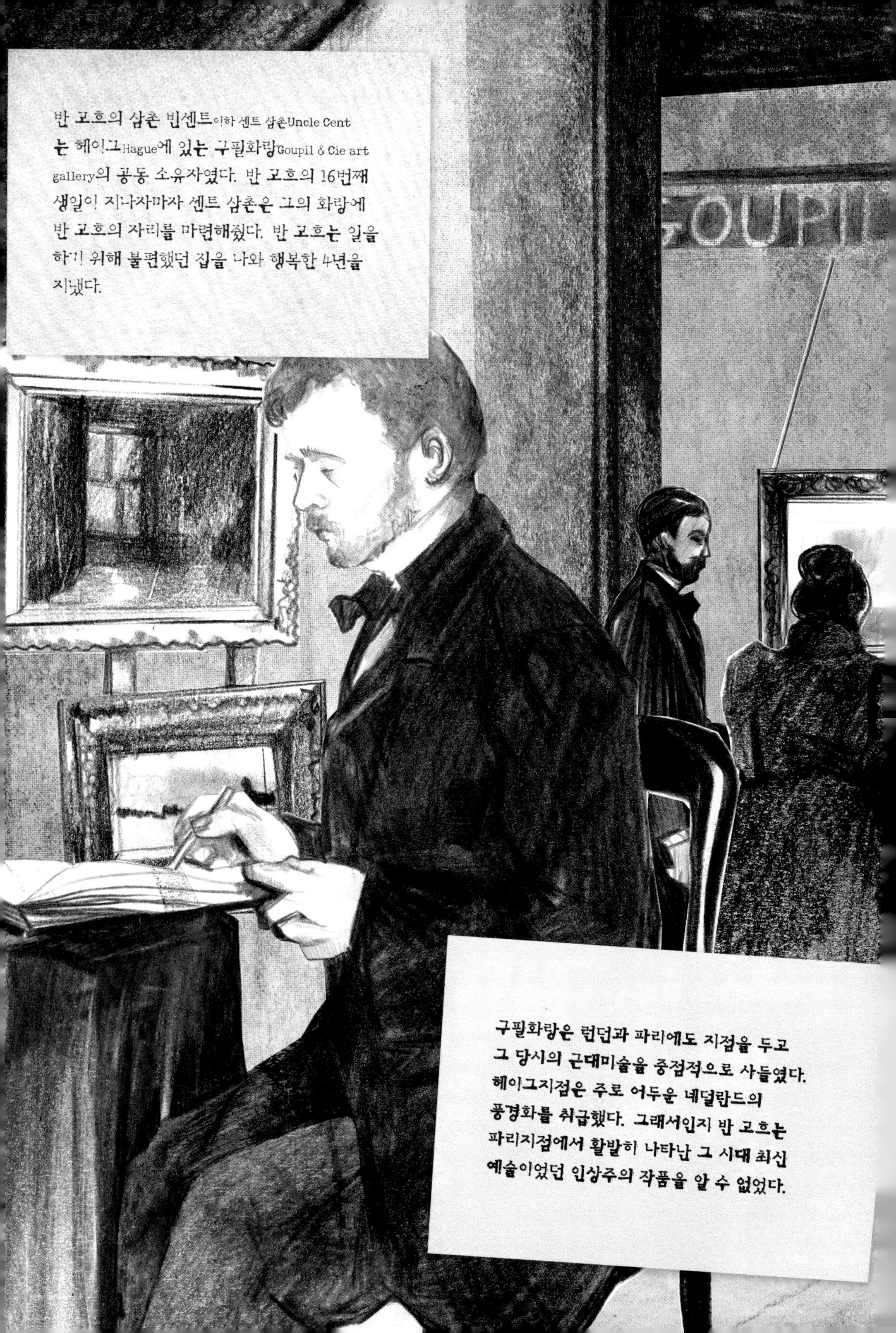
반 고흐의 삼촌 빈센트이하 센트 삼촌Uncle Cent는 헤이그Hague에 있는 구필화랑Goupil & Cie art gallery의 공동 소유자였다. 반 고흐의 16번째 생일이 지나자마자 센트 삼촌은 그의 화랑에 반 고흐의 자리를 마련해줬다. 반 고흐는 일을 하기 위해 불편했던 집을 나와 행복한 4년을 지냈다.
GOUPI
구필화랑은 런던과 파리에도 지점을 두고 그 당시의 근대미술을 중점적으로 사들였다. 헤이그지점은 주로 어두운 네덜란드의 풍경화를 취급했다. 그래서인지 반 고흐는 파리지점에서 활발히 나타난 그 시대 최신 예술이었던 인상주의 작품을 알 수 없었다.

타인을 위해 아파하다

반 고흐는 화랑의 일이 끝나면 저녁 시간의 대부분을 성경 공부 하는데 썼다. 그의 신앙심이 깊은 것은 네덜란드 개신교 교회에서 교육받은 영향도 있었지만, 가난하고 불쌍한 사람들에 대한 본능적인 동정심을 갖고 있었기 때문이었다. 그는 영국 소설가 찰스 디킨스Charles Dickens 와 조지 엘리엇George Eliot의 작품을 좋아했고, 그들의 궁핍하고 불운한 삶에 감탄했다. 반 고흐는 평생을 자신보다 힘든 환경에 놓인 사람들을 걱정하며 지냈다.

런던 생활

반 고흐는 구필화랑에서 열심히 일했다. 1873년, 그의 나이 20세에 그는 런던지점으로 발령을 받았다. 그는 브릭스턴Brixton의 하숙집에 묵으면서 여가시간에는 주변을 스케치하며 지냈다. 그는 그런 런던생활에 만족하는 듯했다. 하지만 이내 하숙집 주인의 딸인 유제니 로어Eugenie Loyer를 짝사랑하게 되면서 그는 점점 이상해져 갔다. 그녀에게 마음을 드러냈다 거절을 당한 후의 런던은 악몽과 같았고, 그는 자신을 사회로부터 격리시켜 혼자만의 시간을 지냈다. 이는 앞으로 그의 인생에서 수없이 반복되는 이상행동의 첫 사례였다. 정신이 멀쩡할 때라도 갑작스럽게 정서적으로 위기가 찾아오면 그는 견디지 못하고 절망에 빠졌다. 그리고 가깝게 지내던 사람들을 다 밀어내고 자신을 철저히 혼자로 만들었다.

성직자

반 고흐의 좋지 않은 소식을 들은 센트 삼촌은 그를 파리지점으로 이동시켰다. 그의 신앙심은 더욱 깊어졌고, 자신이 일하는 구필화랑의 과도한 상업적 양상마저 못마땅하게 여겼다. 회사에 대한 불만스러운 태도는 손님들에게까지 알려졌고 결국 그는 1876년에 화랑에서 해고되었다. 그는 부모님이 있는 네덜란드 에텐Etten 으로 돌아갔다. 반 고흐와 아버지 테오도루스는 기독교 교리에 대해서 뜨겁게 논쟁했다. 아들의 성향을 걱정한 테오도루스는 그에게 어서 다른 일자리를 알아보라고 설득했다. 반 고흐는 런던에서 학교 선생님으로 짧게, 네덜란드 서남부인 도르드레히트Dordrecht 의 책 판매원으로도 짧게 일한 뒤 1877년에 암스테르담Amsterdam 으로 갔다. 그곳에서 그는 젠 삼촌Uncle Jan과 함께 지내며 신학 국가고시를 공부하기 시작했다. 아버지의 걱정과 상관없이 다른 가족들은 그를 지지했다. 그러나 딱딱한 라틴어와 그리스어의 공부는 반 고흐의 신학에 대한 열정을 식게 했다. 그는 이런 공부가 성경에서 말하는 인간을 위하고 사랑하는 방법과는 아무 연관이 없다고 생각했다. 반 고흐는 제대로 공부하지 않은 채 시험에 처참하게 낙방했다.

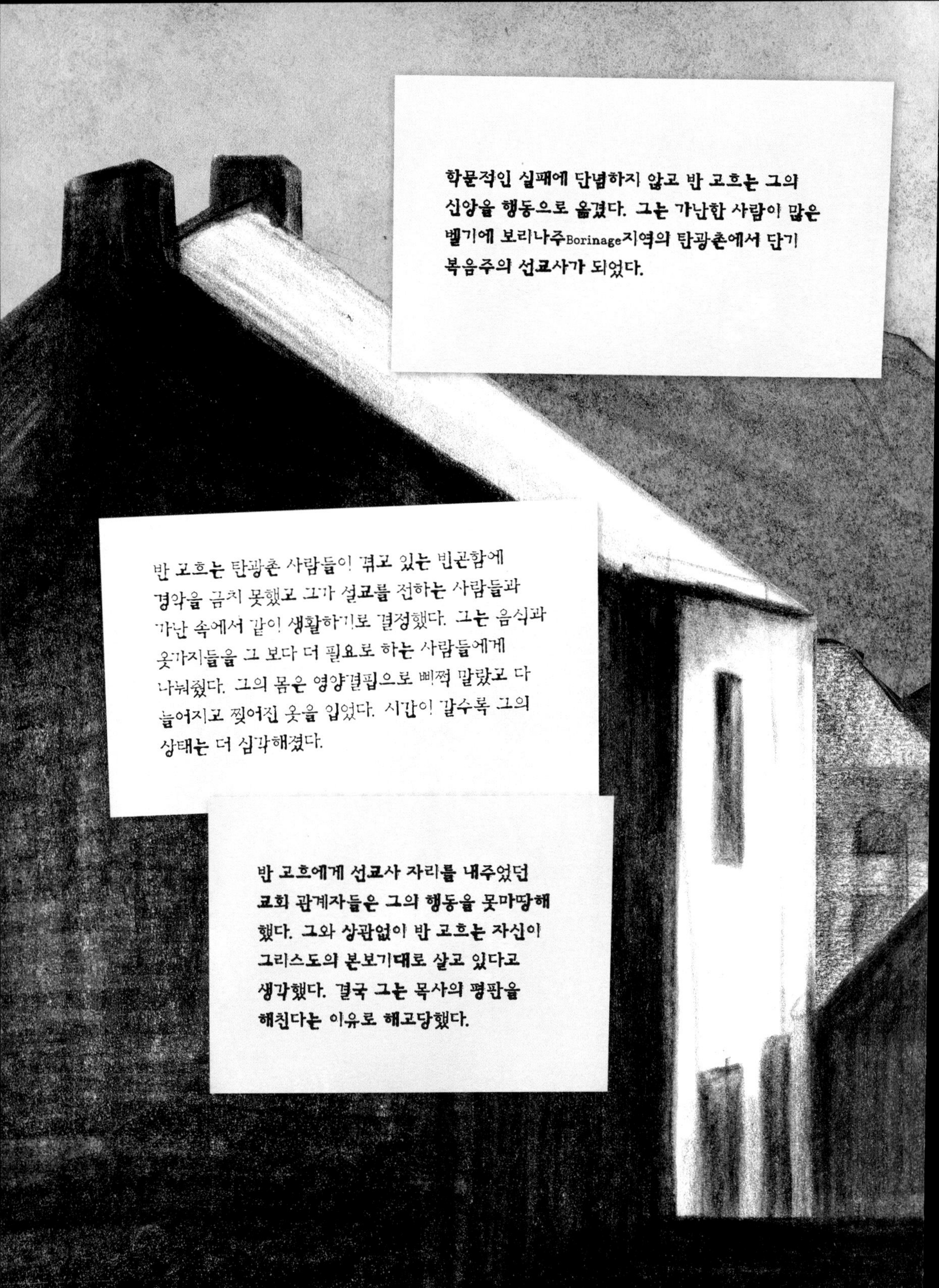
학문적인 실패에 단념하지 않고 반 고흐는 그의 신앙을 행동으로 옮겼다. 그는 가난한 사람이 많은 벨기에 보리나주Borinage지역의 탄광촌에서 단기 복음주의 선교사가 되었다.
반 고흐는 탄광촌 사람들이 겪고 있는 빈곤함에 경악을 금치 못했고 그가 설교를 전하는 사람들과 가난 속에서 같이 생활하기로 결정했다. 그는 음식과 옷가지들을 그 보다 더 필요로 하는 사람들에게 나눠줬다. 그의 몸은 영양결핍으로 삐쩍 말랐고 다 늘어지고 찢어진 옷을 입었다. 시간이 갈수록 그의 상태는 더 심각해졌다.
반 고흐에게 선교사 자리를 내주었던 교회 관계자들은 그의 행동을 못마땅해 했다. 그와 상관없이 반 고흐는 자신이 그리스도의 본보기대로 살고 있다고 생각했다. 결국 그는 목사의 평판을 해친다는 이유로 해고당했다.

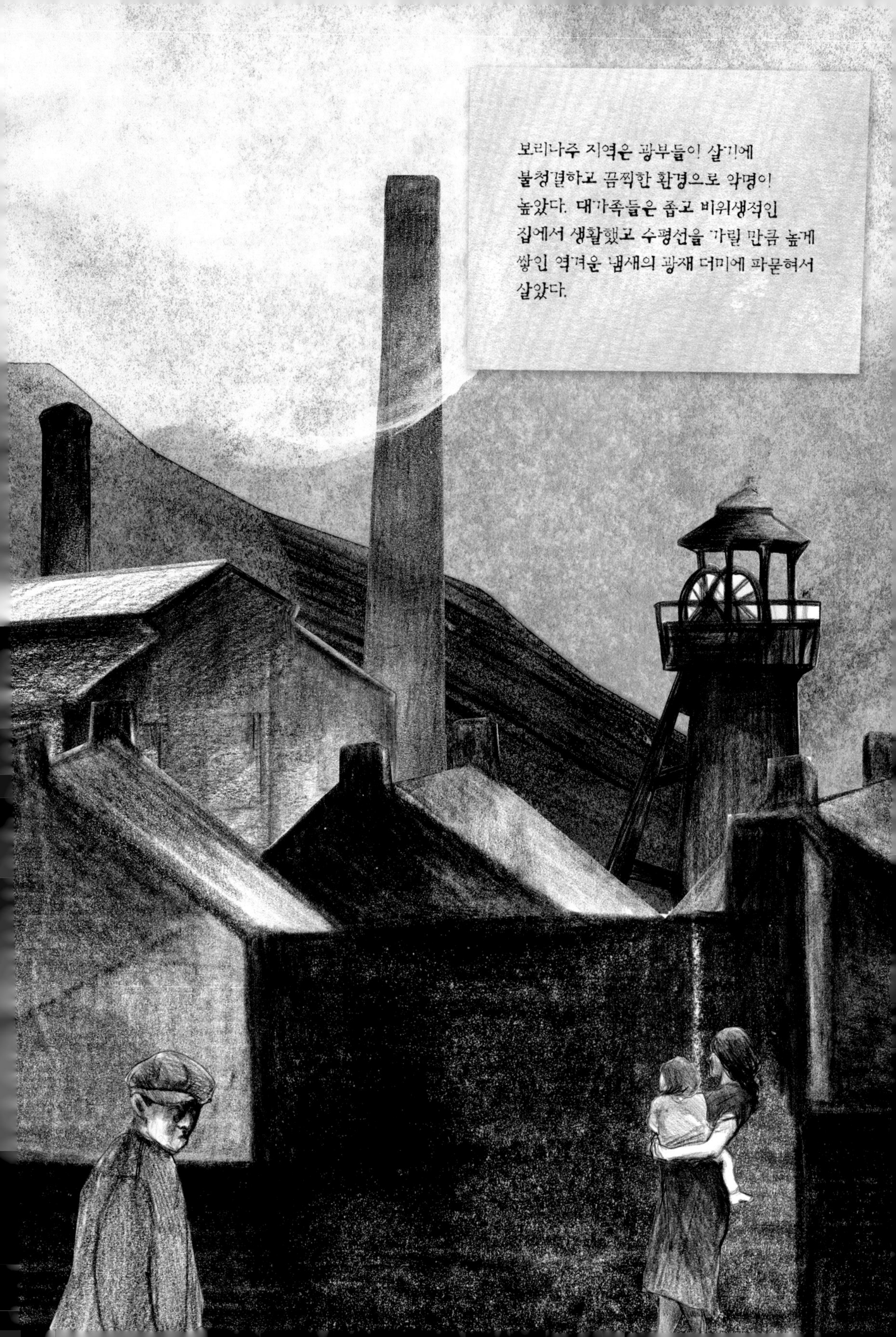
보리나주 지역은 광부들이 살기에 불청결하고 끔찍한 환경으로 악명이 높았다. 대가족들은 좁고 비위생적인 집에서 생활했고 수평선을 가릴 만큼 높게 쌓인 역겨운 냄새의 광재 더미에 파묻혀서 살았다.

자루를 옮기는 광부의 아내들

반 고흐는 보리나주를 떠난 후에도 그곳에서 빈곤한 삶을 사는 사람들을 생각했다. 그는 그 뒤 2년간, 황량한 풍경에 무거운 석탄 자루를 옮기는 광부들의 아내들이라는 주제로 연작을 그려 그들을 향한 연민을 표현했다. 그 작품 중에서도 자신보다 두 배는 무거워 보이는 석탄 자루를 짊어지고 허리를 깊게 굽혀 힘겹게 걸어가는 여인들의 그림은 특히나 그의 진심 어린 동정이 담겨있었다. 검은 잉크와 연필로 그려진 이 어두운 그림은 더럽고 오염된 도시외곽에서 노동하는 광부와 그 가족들을 아주 잘 묘사하고 있다.
반 고흐에게 이 그림은 단순히 힘든 노동자의 삶을 그린 그림이 아니었다. 그는 나무에 박힌 작은 기독교 사당과 수평선에 교회의 첨탑을 그려 넣어 인간의 비애를 암묵적으로 상징했다. 이 그림은 〈짐 운반인The Bearers of the Burden〉이라고도 불린다. 반 고흐는 그림 속의 여인들이 강제적으로 노역에 시달렸다고 믿었다. 그림의 작은 사당 속 십자가에 못 박힌 그리스도는 그녀들의 고난의 생활을 반영하는 듯했다. 그는 그녀들 몸과 옷에 덕지덕지 붙은 석탄먼지를 보고 성경의 한 구절을 연상했다. '네가 흙으로 돌아갈 때까지 얼굴에 땀을 흘려야 먹을 것을 먹으리니 네가 그것에서 취함을 입었음이라 너는 흙이니 흙으로 돌아갈 것이니라 하시니라.' 창세기 3장 19절

반 고흐는 고단한 그녀들의 모습을 그 당시 전반적인 인간의 삶에 빗대어 그리고 싶어 했으나 최대한 사실과 가깝게 그렸다. 1882년 10월 29일, 자신의 친구이자 동료이며 네덜란드 화가인 안톤 반 라파르드Anthon van Rappard에게 보낸 편지에는 사람들이 어떻게 짐을 옮기는지 묘사한 내용이 있다.

> "나는 이곳 여성광부들이 어떻게 짐을 옮기는지 알아냈어. 우선 자루의 입구를 잘 묶어서 밑으로 늘어뜨려. 그리곤 자루 아래쪽의 두 귀퉁이를 서로 단단하게 묶어서 마치 수도승이 머리에 쓰는 고깔처럼 만들더라고."

반 고흐는 물체 외관을 자세히 관찰하고 그로부터 느껴지는 감정을 어떻게 조합해서 표현해야 할지 고민했다.

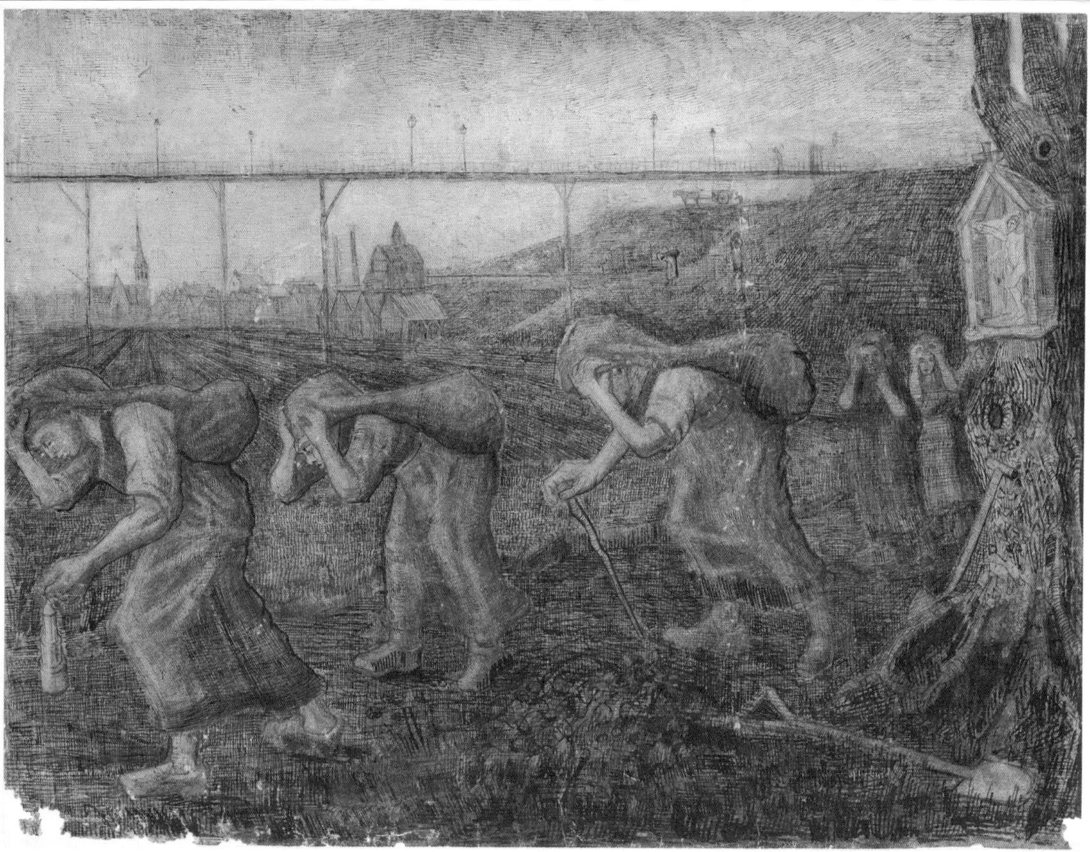

자루를 옮기는 광부의 아내들/짐 운반인
Miners' Wives Carrying Sacks/The Bearers of the Burden

빈센트 반 고흐, 1881

종이에 연필, 잉크, 수채화
47.5 × 63 cm(18¾ × 24¾ in)
크롤러 뮐러 미술관, 오텔로

미술로 위안을 삼다

보리나주의 선교활동에서 물러난 뒤, 반 고흐는 깊었던 신앙심을 미술에 대한 열정으로 바꿨다. 그는 동생 테오에게 바르비종파Barbizon School를 열렬히 지지한다는 내용의 편지를 보냈다. 바르비종파는 프랑스 화가들의 모임으로 소작농과 시골풍경을 현실적으로 묘사하는 일에 노력을 쏟았다. 반 고흐는 그중에서도 경건한 소작농의 그림으로 유명한 쥘 브르통Jules Breton을 찬양했다. (반 고흐는 1879년에 프랑스 마을 쿠리에르 Courières에 있는 브르통의 작업실까지 걸어갔지만 너무 긴장한 탓에 자신을 소개하지도 못하고 그냥 돌아왔다고 한다.)

동생 테오는 반 고흐에게 남은 마지막 희망은 그의 예술적 소명에 따르는 것뿐이라 생각했다. 1880년, 테오는 형에게 브뤼셀Brussels의 국립미술학교인 국립 로얄 미술학교 Academie Royale des Beaux-Arts에 들어갈 것을 적극 추천했다. 반 고흐는 해부학 수업에서 입체감과 원근법을 배워 그의 실력을 다졌다. 하지만 그는 엄격한 수업계획서와 건조한 교수들의 가르침에 불만을 가졌다. 그는 헤이그로 옮겨가 그의 외사촌 안톤 모베Anton Mauve와 미술을 공부했다. 모베는 후에 헤이그 화파The Hague School를 이끄는 사람 중의 하나가 된다. (헤이그 화파는 반 고흐가 구필화랑에서 일할 당시 자주 보았던 대다수의 풍경화 작가의 공동체)

모베는 그에게 유화와 수채화를 가르쳐주었다. 하지만 둘의 관계는 반 고흐가 석고상을 그리기 시작하면서 끝이 났다. 석고상의 습작은 지루했던 브뤼셀의 국립미술학교를 떠올리게 했다. 모베와의 싸움은 반 고흐가 살면서 반복되게 겪는 전형적인 인간관계의 흐름이었다. 반 고흐는 감정을 추스르지 못하고 항상 강압적으로 자신의 감정들을 주위 사람에게 호소했다. 그로 인해 그와 가깝게 지냈던 사람들과 멀어지는 일이 잦았다.

불편한 가족 관계

반 고흐의 삼촌들은 그들의 안정된 직업을 계속 거부하는 반 고흐를 점점 못마땅하게 여겼다. 반 고흐가 구필화랑에서 실패를 한 뒤 그의 아버지가 제안한 '안전한' 네덜란드의 개신교 목사의 자리 또한 거부하자 두 삼촌은 반 고흐에게서 손을 뗐다. 그의 아버지 또한 마찬가지였다. 1880년, 테오도루스는 아들의 변덕스러운 행동에 그를 정신병원에 수감시키려 진지하게 생각했다. 심지어 가깝던 동생 테오와도 사이가 멀어졌다. 1879년, 반 고흐의 미래에 관해서 테오와 큰 싸움을 한 후 두 형제는 일 년 가까이 말을 섞지 않았다. 하지만 반 고흐가 화가가 되기로 결심하면서 둘의 사이는 점점 나아지고 테오는 반 고흐의 충성스러운 후원자가 된다. 물론 반 고흐의 성격상 잦은 말싸움은 계속됐다. 1881년 크리스마스 날, 반 고흐가 아버지와 크게 싸우고 난 후에는 테오가 반 고흐의 유일한 경제적 후원인이 되었다. (그때의 테오는 구필화랑에서 고흐와 달리 계속 일을 하고 있을 때였다.)

불행한 사랑

반 고흐는 그의 다른 인간관계와 마찬가지로 여자와의 관계도 인연이 없었다. 1881년, 그가 부모님을 만나기 위해 에텐Etten에 갔을 때 남편을 여읜지 얼마 안 된 사촌 키 보스 스트릭커kee Vos-Stricker를 사랑하게 되었다. 그는 그녀에게 거듭하여 청혼하였지만 그녀는 런던의 아가씨 유제니 로어처럼 완강히 거절하였다. 그녀의 계속된 거절에 반 고흐는 그녀의 아버지를 찾아가 램프의 불에 왼손에 가져다대며 자신이 이 불의 뜨거움을 견디는 시간 만큼만이라도 그녀를 만나게 해달라고 빌었다. 1882년 5월 16일, 반 고흐가 테오에게 보내는 편지에는 그녀의 아버지가 침착하게 램프의 불을 끄고 자신을 쫓아냈다고 적혀있었다.

반 고흐의 다음 연인은 알코올 중독 창녀인 크라지나 후르닉(시엔)Clasina Hoornik(Sien)이였다. 반 고흐는 가난한 그녀가 임신한 몸을 이끌고 어린 딸과 헤이그의 골목을 헤맬 때 만났다. 그는 그들을 가엽게 여겨 자신의 작업실에서 살게 했다.

1882년 7월, 시엔은 아들 윌리엄Williem을 낳았다. 반 고흐는 윌리엄의 아버지가 아니었지만, 잠시나마 시엔과 두 아이의 가장으로 살았다. 그는 심지어 그녀와 정식으로 결혼할 생각까지 했었다. 하지만 1883년 초 그녀는 다시 술을 마시기 시작하고 남자들에게 몸을 팔기 시작했다. 그들이 같이 살았던 작은 아파트는 점점 더러워지고 황폐해졌다. 그리고 이내 반 고흐와 시엔의 관계도 틀어졌다.

하지만 반 고흐는 점점 쇠약해지는 시엔을 보고 그녀를 동정하기 시작했다. 그는 열정적으로 헤이그 노동자층에게서 느끼는 연민을 그림으로 표현했다. 그의 아파트는 그의 주변에서 힘든 삶을 사는 사람들의 수백 장이 넘는 스케치와 그림들로 가득 채워졌다.

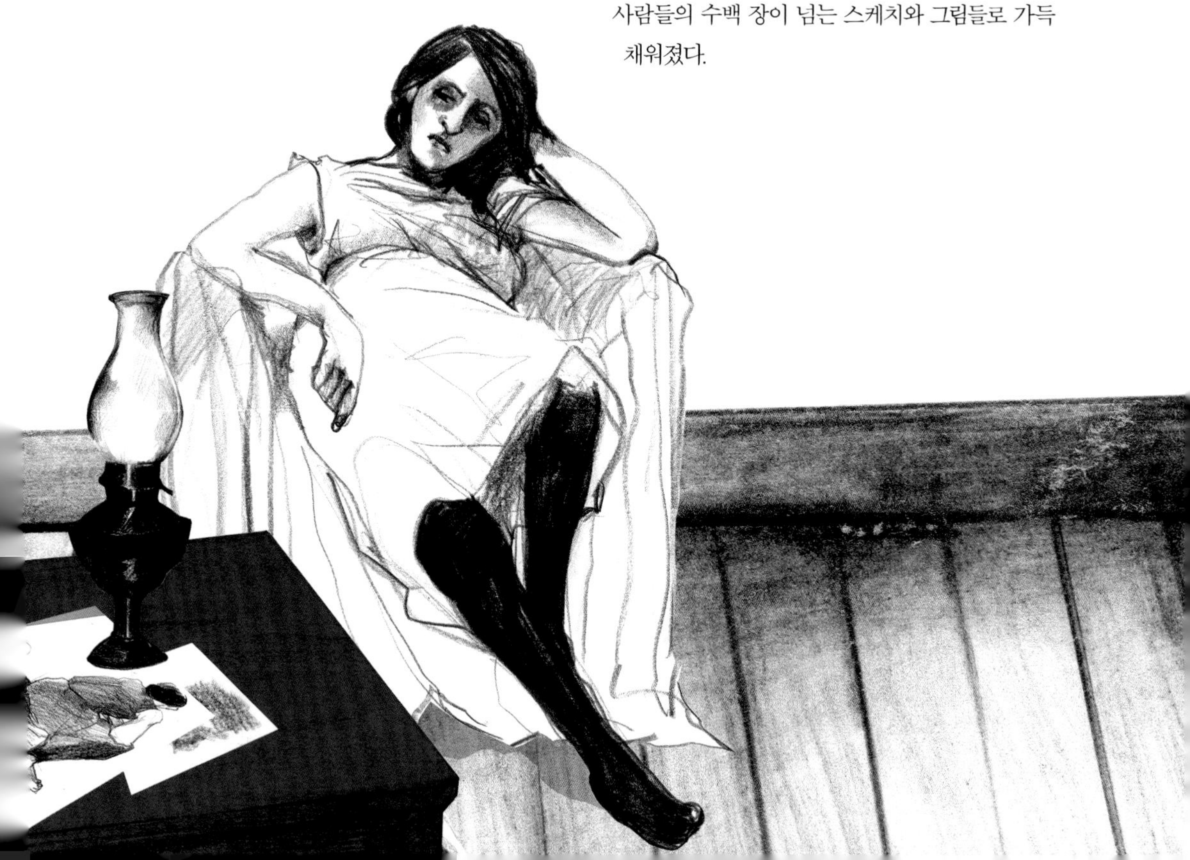

슬픔

반 고흐의 〈슬픔Sorrow〉은 그가 시엔과 같이 살 때 그녀를 모델로 그린 작품이다. 음산하고 거친 배경에 한 여성이 절망감에 쓸쓸히 앉아 팔짱을 낀 팔 사이에 머리를 푹 숙이고 있다. 두드러지게 부른 배는 그녀가 임신을 했다는 것을 알 수 있다. 그녀의 몸은 말라있고 머리카락은 헝클어진 채 벌거벗은 등을 타고 풀어헤쳐 져 있었다.

새 생명을 몸에 품어 제일 보호가 필요할 시기의 그녀는 세상에 혼자 버려져 있는 것처럼 묘사되었다. 이는 반 고흐가 시엔을 어떻게 생각하는지 잘 나타낸다. 하지만 그가 여성의 얼굴을 그리지 않음으로써 이 작품은 특정 여인의 묘사가 아닌 보편적인 괴로움을 표현한 그림이 되었다.

반 고흐는 이 그림이 사람들에게, 탄압받는 인간을 향한 동정심을 불러일으키길 바랐다. 그림 아래쪽에는 슬픔이라는 제목을 영어로 썼다. 아마도 그는 런던에 있는 삽화 잡지에 작품을 보내 그곳에서 일을 구해보려고 일부러 영어로 적은 듯했다. 그리고 프랑스의 역사학자이자 윤리학자인 쥘 미슐레Jules Michelet 의 말을 차용하여 '어떻게 여성이 이 세상에 버려지고 혼자 존재할 수 있는가' 라는 비난의 문구를 불어로 적어놓았다. 1882년 4월 10일, 반 고흐는 테오에게 보낸 편지에 쥘 미슐레의 말을 인용하여 작품을 설명했다.

> "나는 우울함을 표현하는 것을 주저하지 않았어. 그리고 너도 나의 표현을 이해할거라 생각해. 나는 이 작품을 통해 '마음에 공허함이 계속 남아 있다면 그 어떤 것으로도 채울 수 없다'라는 것을 전하고 싶었어."

미슐레의 문구는 순수함을 잃은 슬픔과 사랑의 배신으로 사무치는 고통을 묘사한 말이었다. 이는 반 고흐가 시엔을 어떤 시점으로 보고 있는지를 나타냈다. 반 고흐는 이 그림을 보는 사람들이 시엔와 같은 처지의 사람들에게 연민의 감정을 느끼고 그들의 고달픈 생활에 어떤 반응이라도 해주길 원했다.

작품의 전체적인 분위기는 어두웠지만 시엔의 발 쪽에 그려진 봄꽃과 가시나무에서 피어난 꽃봉오리는 구원의 가능성을 담고 있었다. 하지만, 반 고흐와 시엔의 관계에서 구원의 손길은 없었다. 1883년 9월, 둘은 크게 싸우고 갈라섰다. 수년 후 시엔은 자포자기한 심정으로 장성한 아들에게 떳떳한 배경을 주기위해 한 뱃사람과 결혼을 했다. 하지만 그녀는 마지막까지 행복하지 못했다. 반 고흐의 비극적인 죽음의 여파였을까. 1904년에 그녀 역시 물에 빠져 자살로 생을 마감했다.

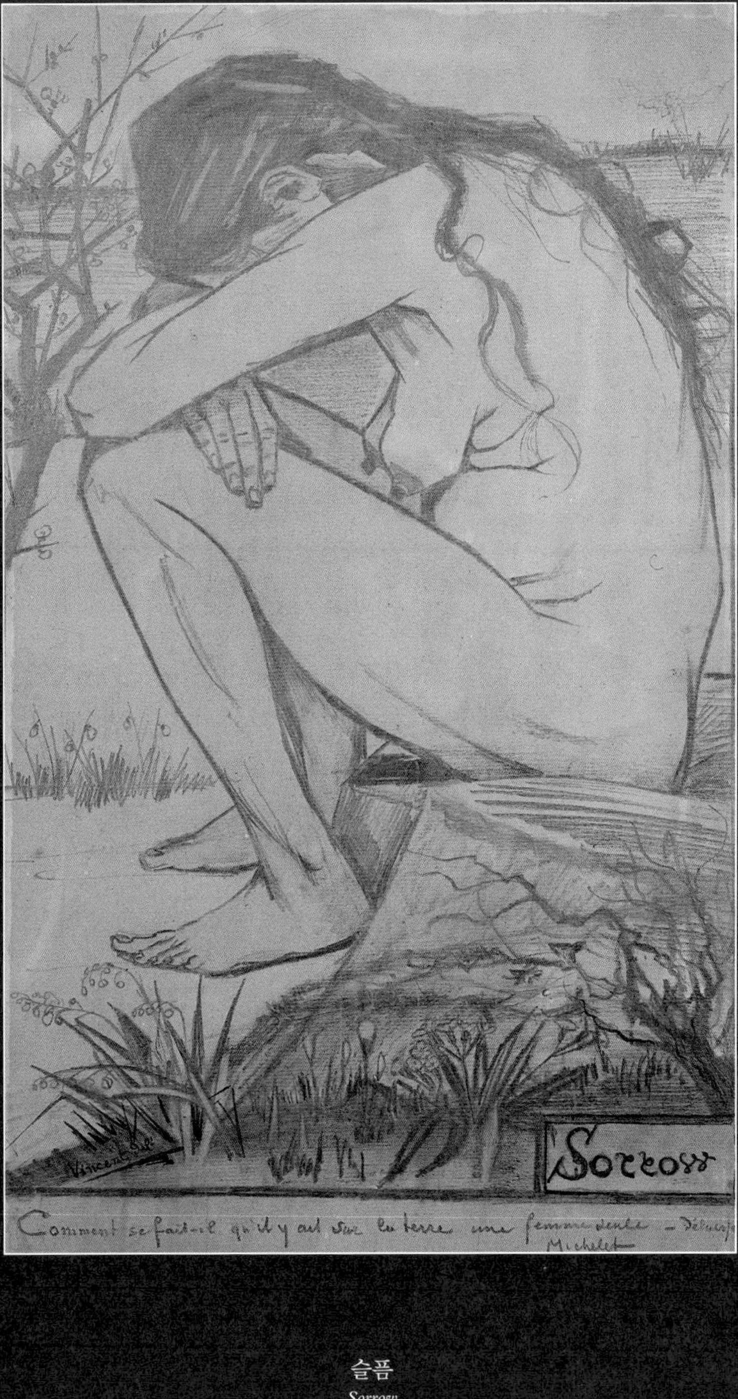

슬픔

Sorrow

빈센트 반 고흐, 1882

종이에 연필, 펜, 잉크
44.5 × 27 cm(17½ × 10⅝ in)
월슨 아트 갤러리

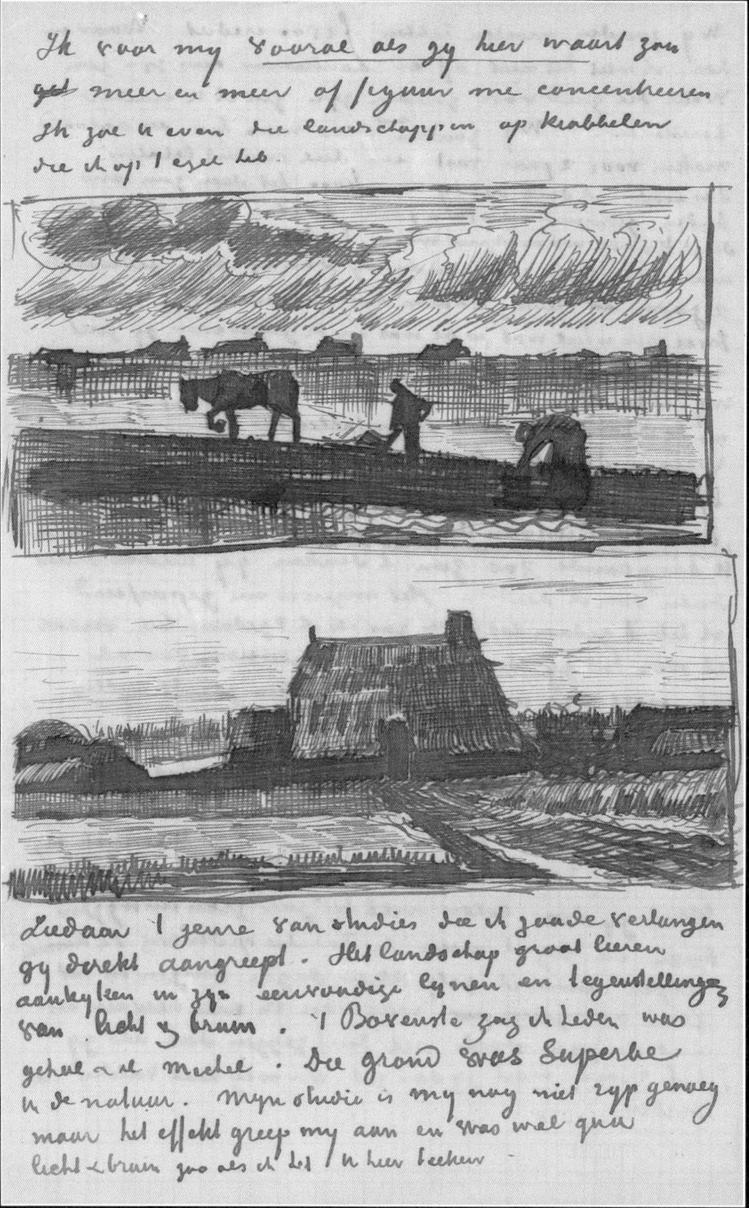

Ik voor my vooral als gy hier waart zou
meer en meer op figuur me concentreeren
Ik zal u even die landschapjes op krabbelen
die ik op 't ezel heb.

Zie daar 't genre van studies die ik zoude verlangen
gy direkt aangreept. Het landschap groot leeren
aankyken in zyn eenvoudige lynen en tegenstellingen
van licht & bruin. 't Bovenste zag ik heden was
geheel a la Michel. De grond was superbe
in de natuur. Myn studie is my nog niet ryp genoeg
maar het effekt greep my aan en was wel gaaf
licht & bruin zoo als ik het u hier teeken.

테오 반 고흐에게 보내는 편지

Letter to Theo Van Gogh

빈센트 반 고흐, 1883년 10월 15일

종이에 펜,잉크
20.9 × 26.7 cm(8¼ × 10½ in)
반 고흐 박물관, 암스테르담(빈센트 반 고흐 재단)

반 고흐의 편지

반 고흐는 평생 강박적일 만큼 편지를 썼다. 그는 감정의 변화를 끊임없이 기록해 수백 통이 넘는 편지를 그의 동생 테오, 가족들, 그리고 친구들에게 보냈다. 그는 삶의 대부분을 홀로 지냈고, 편지는 그를 괴롭히는 소외감과 절망감을 이겨내는데 도움을 줬다. 그는 편지의 답장이 늦어지면, 특히 테오로부터의 답장, 그들을 매우 질책했다. 더욱이 돈과 관련된 내용이면 매우 신경질적으로 변했다. 그는 동생에게 금전적인 지원을 요구했을 때 답이 늦어지면 매우 화를 냈는데, 이는 아주 뻔뻔한 행동이었다. 테오는 유복하지 않았지만 가족 중에서 유일하게 반 고흐를 포기하지 않고 지원해주는 사람이었기 때문이다. 1879년, 테오는 구필화랑의 파리지점에 좋은 자리로 발령이 났다. 반 고흐는 테오가 높은 지위에 있음에도 불구하고 자신의 그림을 사줄 고객을 열심히 찾지 않는다며 불만을 표출했다. 반 고흐가 토해내는 대부분의 불만은 매우 기가 차는 내용이었다. 이는 그를 소중하게 대해주는 사람들을 멀어지게 하는 행동이었다. 하지만 의외로 반 고흐는 테오가 사적인 일로 힘들어 할 때 누구보다 다정하게 테오를 위로해주는 고마운 사람이었다.

반 고흐는 미술에 관한 다양한 내용을 자주 편지에 적었다. 1883년 10월, 테오에게 보낸 편지처럼, 그는 종종 자신의 작업을 설명하기 위해 간략한 스케치를 그렸다. 그는 유명한 화가들의 작업에 대해서도 의견을 주고받았다. 옆의 편지는 농부의 그림을 자주 그리는 프랑스 풍경화가, 조르주 미셸George Michel의 작품과 자신의 그림을 비교하는 내용이다. 반 고흐는 정기적으로 테오에게 자신이 있는 곳에서 같이 지내자고 설득하는 편지를 보냈다. 반 고흐는 그의 삶과 작품을 공유할 수 있는 동료를 간절히 원했다.

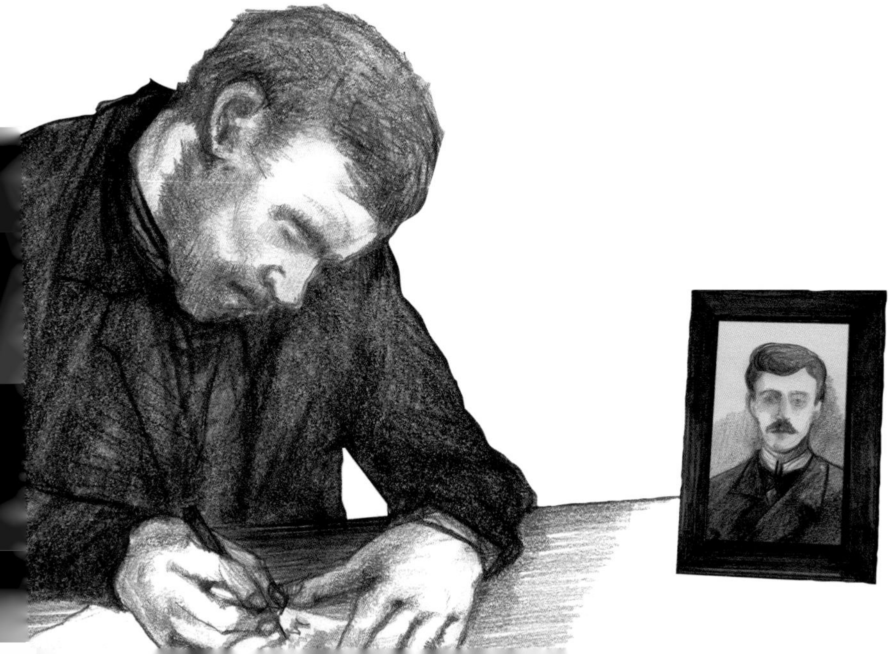

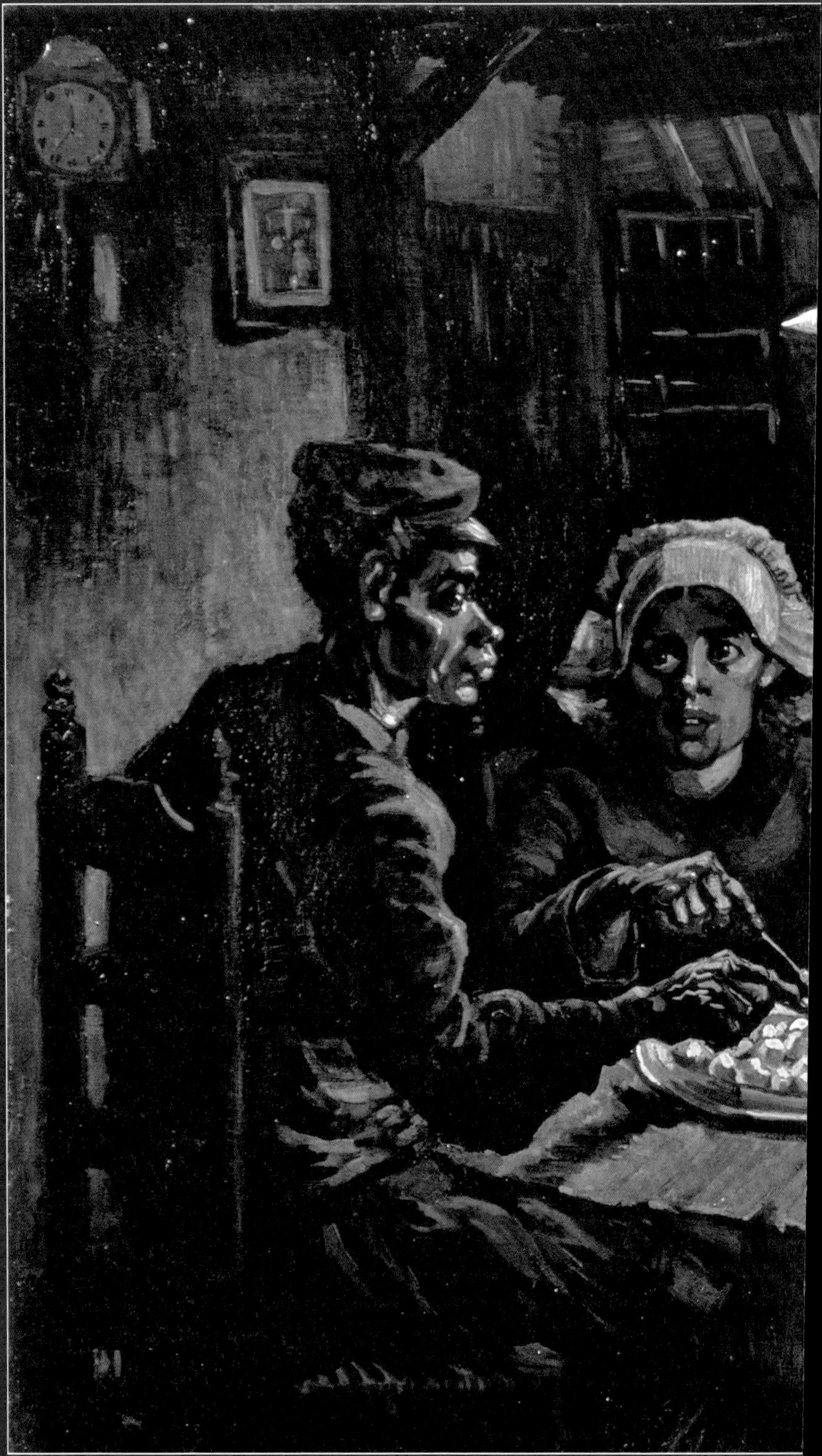

감자 먹는 사람들
The Potato Eaters

빈센트 반 고흐, 1885

캔버스에 유채
82 × 114 cm(32¼ × 44⅞ in)
반 고흐 박물관, 암스테르담
(빈센트 반 고흐 재단)

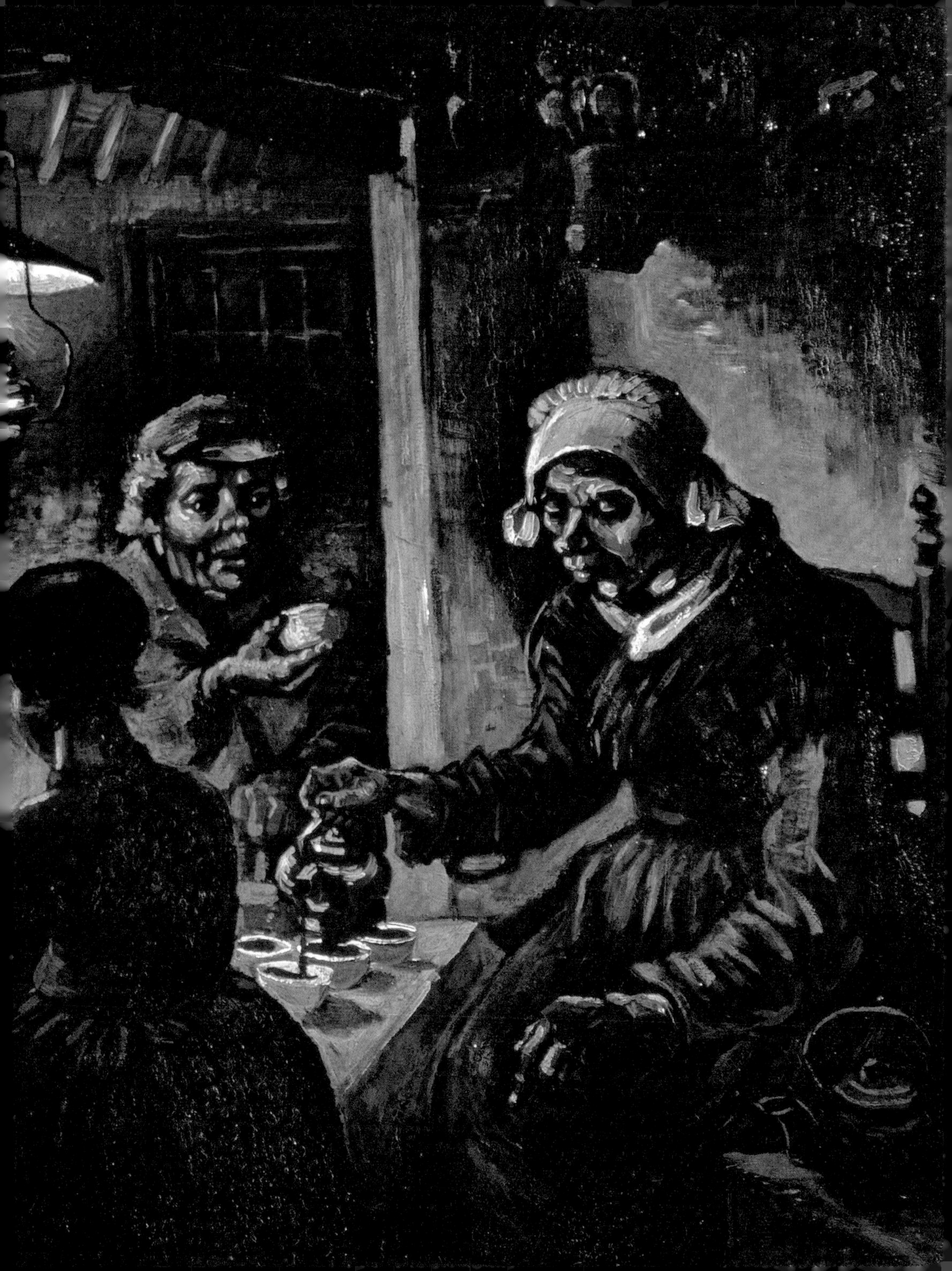

감자 먹는 사람들

반 고흐는 시엔과 헤어진 후 부모님이 계시는 작은 네덜란드의 마을 뉘넨Nuenen 으로 돌아갔다. 아버지와는 여전히 껄끄러운 사이여서 그곳에서의 생활은 불편했다.
반 고흐는 마을의 소작농에게서 많은 영감을 받았다. 〈짐 운반인〉에서는 노동자층을 학대 받으며 짐을 옮기는 짐승처럼 표현해 그들의 고통을 전달하려 노력했다. 하지만 뉘넨에서는 바르비종파가 표현하는 품위 있는 소작농에 영감을 받았다. 그는 땅을 일궈 일하는 고귀하고 정직한 노동자들의 매력에 푹 빠졌고 이를 전달하려 애썼다.
1885년 3월, 아버지 테오도루스가 갑작스럽게 죽었다. 아버지가 돌아가신 지 얼마 되지 않아 반 고흐는 〈감자 먹는 사람들The Potato Eaters〉을 완성한다.
반 고흐는 이 그림을 위해 현지 소작농들의 얼굴과 손을 유심히 관찰하였다.
1885년 4월 30일 테오에게 보낸 편지에는 미술을 좋아하는 중산층 손님들에게 이 작품을 보여주고 싶다는 열망을 담았다.

> "작은 램프의 불빛 아래에서 감자를 먹는 이들은 자신들의 손으로 땅을 경작하여 식사를 준비했어. 그들의 육체노동으로 정직하게 얻은 음식이지."

그는 소박한 소작농의 집 분위기를 두드러지게 표현하기 위해 거칠게 캔버스를 칠했다.

> "소작농이 그려진 그림에선 베이컨, 연기, 감자의 구수한 냄새가 나야해. 그건 이상하지 않아. 외양간에 거름이 있으니까 거름의 냄새가 나는 것처럼 말이지."

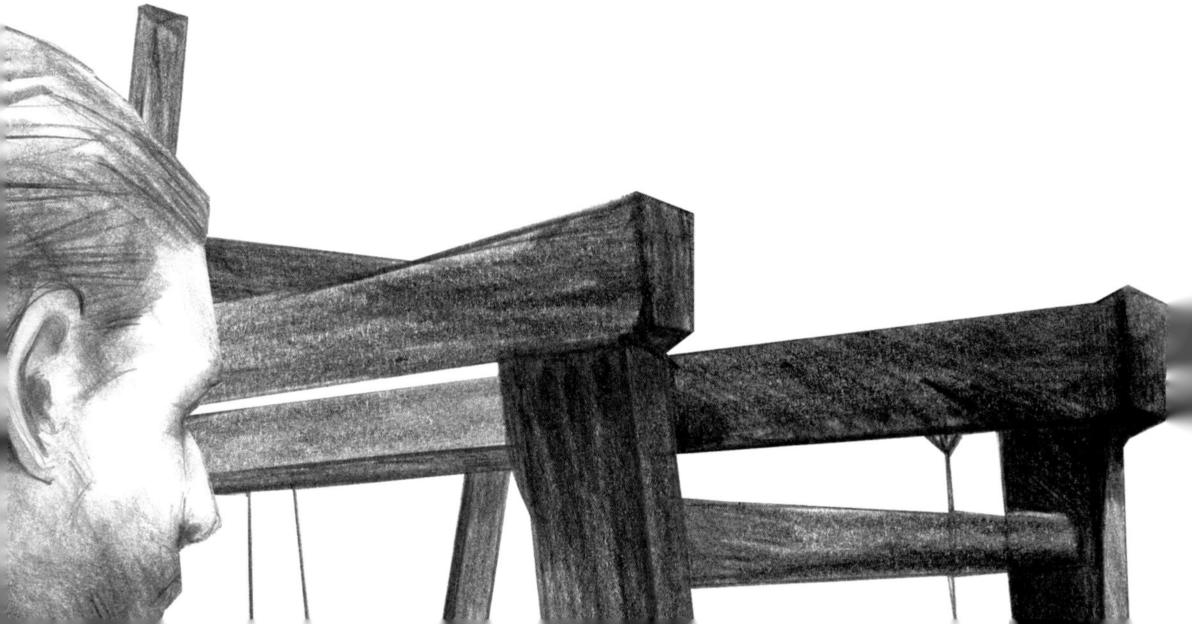

그 시기의 반 고흐는 색채론에 관심이 많았고 그림에 자주 적용하였다. 이 그림에서는 특히 빛을 적게 받을 때 색이 변하는 모습을 관찰하였다. 테오에게 보낸 감자 먹는 사람들의 설명에는 빛을 적게 받은 피부의 색은 마치 흙투성이의 깎지 않은 감자의 색깔 같다고 적었다. 그림자의 색을 푸르게 표현한 것 또한 적었다. 그리고 그는 이 그림을 걸 때는 작품의 강렬한 어두움을 최대한 두드러지게 나타내기 위해 금색테두리의 액자에 걸거나 '잘 익어 어두워진 밀의 색'의 벽에 걸어야한다고 덧붙였다.

반 고흐는 베 짜는 사람들이 일하는 모습을 보며 서로 다른 색깔들이 어떻게 새로운 색을 만들어 내는지 관찰했다. 여러 밝은 색의 실들을 섞어 짜면 회색의 천이 되는데, 그것의 결은 마치 움직이는 것처럼 보여 색에 생명감을 불어넣었다. 그는 이 기법을 〈감자 먹는 사람들〉에 적용하였다. 그림에서 제일 어두운 부분을 각기 다른 색들로 섞어 칠해 그림이 움직이는 듯한 생생함을 불어넣었다.

반 고흐는 소작농의 고결한 삶을 존중했지만 그들을 결코 근사하게 묘사하지 않았다. 다른 바르비종파의 예술가나 화가들, 예를 들어 쥘 브르통Jules Breton은 농사를 짓는 사람들의 힘든 현실을 그다지 사실적으로 표현하지 않았다. 그런 화가들과 다르게 반 고흐는 농부들이 빈약한 저녁식사를 위해 하루 종일 밭에서 힘들게 일을 해야 하는 것을 충분히 이해하고 있었다. 반 고흐는 베를 짜는 사람들을 보면서도 같은 생각을 했다. 베틀에 앉아 베를 짜는 그들은 피할 수 없는 가난에서 살아남기 위해 기계장치에 갇혀 일하는 사람들로 보였다.

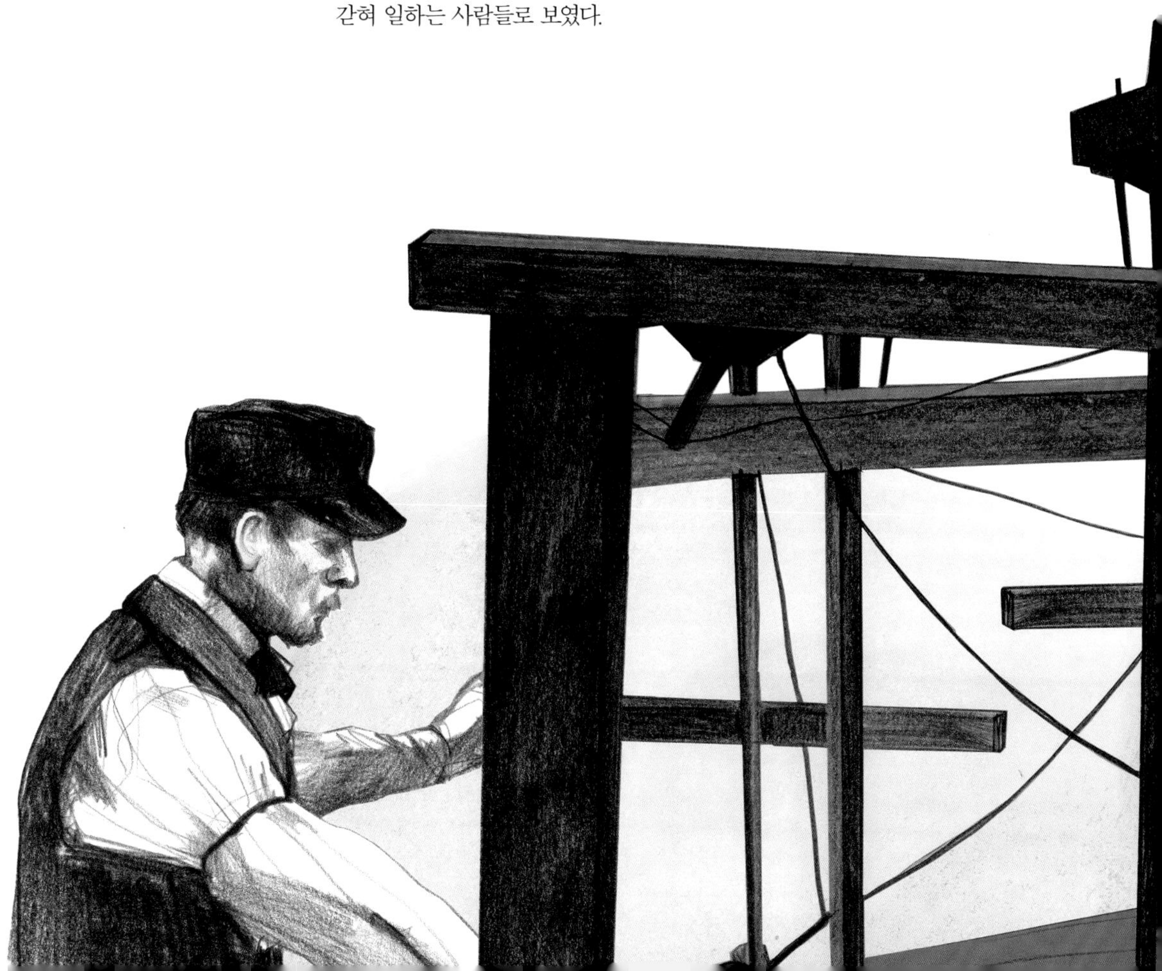

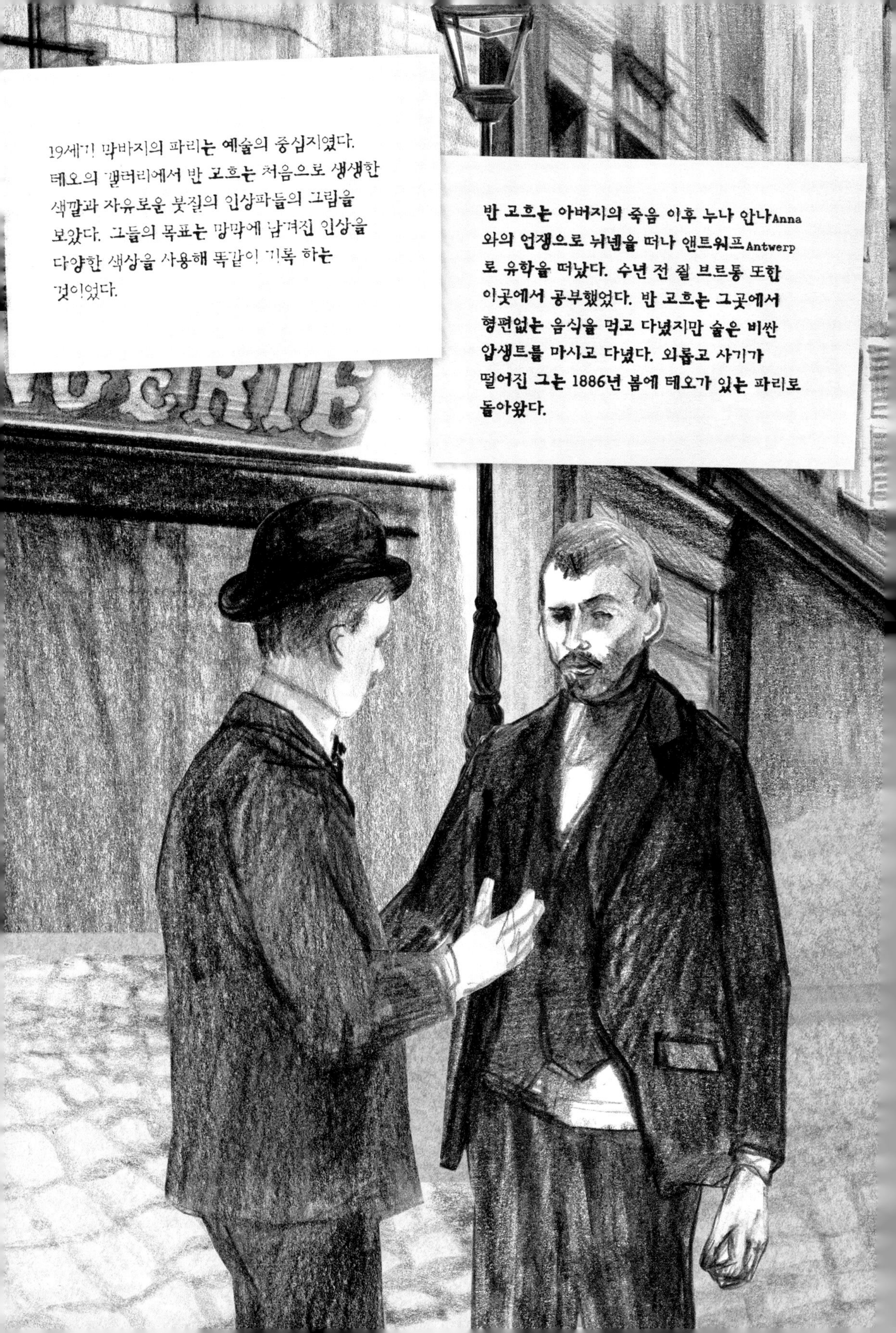
19세기 막바지의 파리는 예술의 중심지였다. 테오의 갤러리에서 반 고흐는 처음으로 생생한 색깔과 자유로운 붓질의 인상파들의 그림을 보았다. 그들의 목표는 망막에 남겨진 인상을 다양한 색상을 사용해 똑같이 기록 하는 것이었다.
반 고흐는 아버지의 죽음 이후 누나 안나Anna와의 언쟁으로 뉘넨을 떠나 앤트워프Antwerp로 유학을 떠났다. 수년 전 쥘 브르통 또한 이곳에서 공부했었다. 반 고흐는 그곳에서 형편없는 음식을 먹고 다녔지만 술은 비싼 압생트를 마시고 다녔다. 외롭고 사기가 떨어진 그는 1886년 봄에 테오가 있는 파리로 돌아왔다.

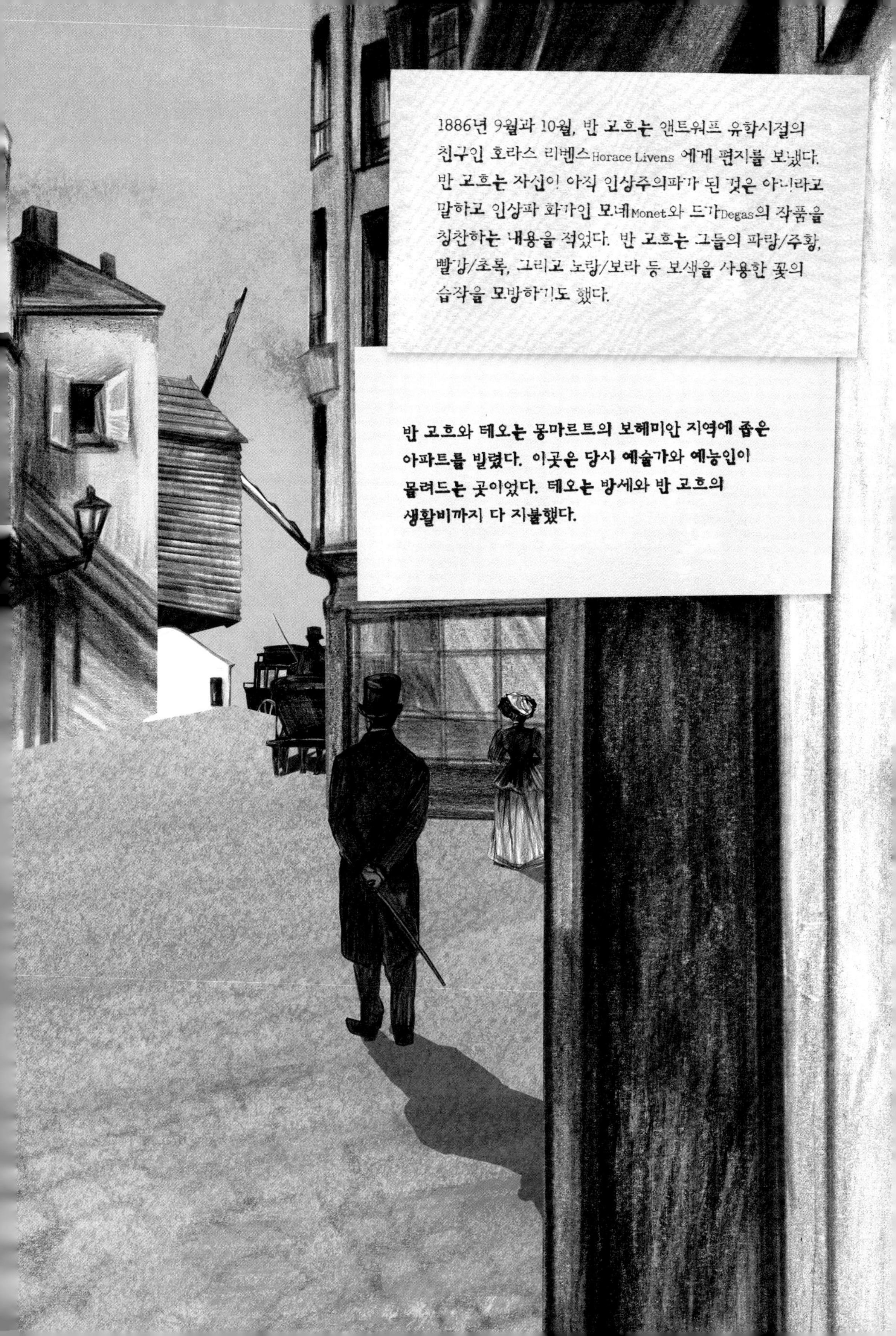

1886년 9월과 10월, 반 고흐는 앤트워프 유학시절의 친구인 호라스 리벤스Horace Livens 에게 편지를 보냈다. 반 고흐는 자신이 아직 인상주의파가 된 것은 아니라고 말하고 인상파 화가인 모네Monet와 드가Degas의 작품을 칭찬하는 내용을 적었다. 반 고흐는 그들의 파랑/주황, 빨강/초록, 그리고 노랑/보라 등 보색을 사용한 꽃의 습작을 모방하기도 했다.

반 고흐와 테오는 몽마르트의 보헤미안 지역에 좁은 아파트를 빌렸다. 이곳은 당시 예술가와 예능인이 몰려드는 곳이었다. 테오는 방세와 반 고흐의 생활비까지 다 지불했다.

화가의 눈

네덜란드와 벨기에에서 반 고흐는 가난에 허덕이는 사람을 걱정했었고, 파리에서는 자신의 고통의 대해서 관심을 갖기 시작했다. 1887년에 그린 자화상 스케치는 자신을 꿰뚫어보려 노력하는 모습이 역력했다. 종이에는 연필을 빠르게 움직여 적은 선으로 그린 것이 있었고, 다른 하나는 심란한 표정이 고스란히 드러나는 정교한 스케치가 있었다. 그가 작업실 한편에 앉아 거울에 비친 자신의 얼굴을 골똘히 들여다보는 장면이 상상된다. 그의 강한 테크닉과 강렬한 눈빛은 조화롭게 어울렸다. 힘이 잔뜩 들어간 연필 선은 종이의 표면을 내려찍듯이 그려졌다. 종이 윗부분에 눈만 따로 스케치를 한 것으로 보아 반 고흐는 눈을 특히 신경 써서 그린 듯 했다. 2년 전인 1885년 12월 19일 앤트워프에서 테오에게 보낸 편지의 내용이다. '나는 대성당을 그릴 바엔 사람들의 눈을 그리겠어. 그들의 눈에는 성당에서 찾을 수 없는 것들이 있어. 그 사람의 혼이랄까.'

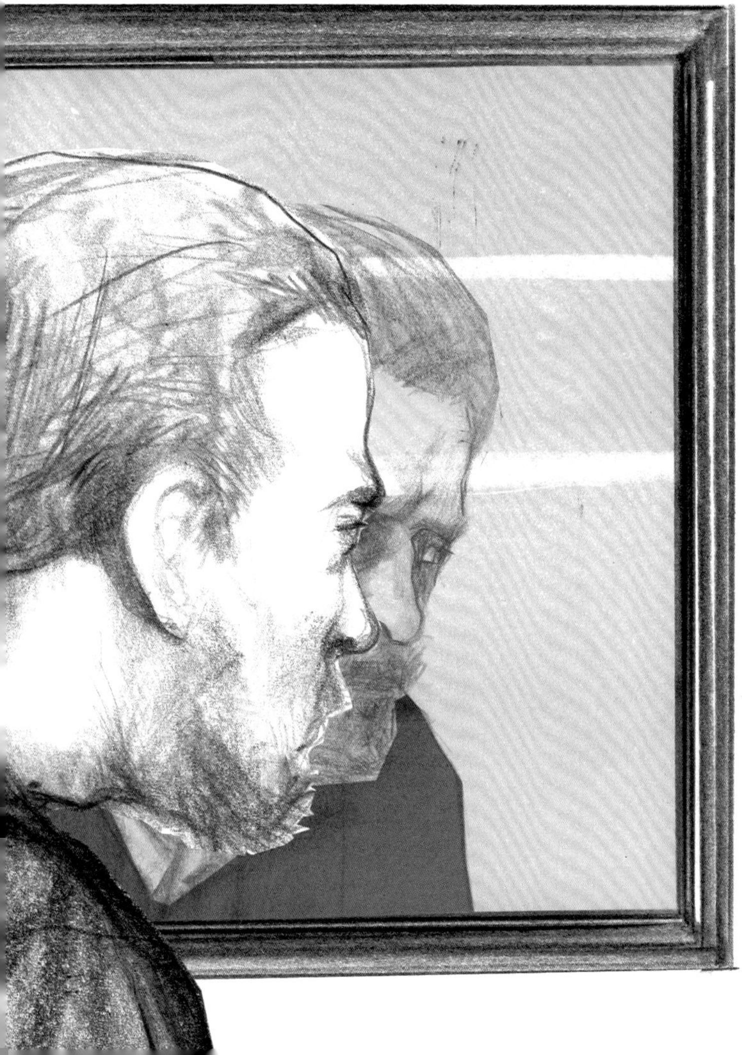

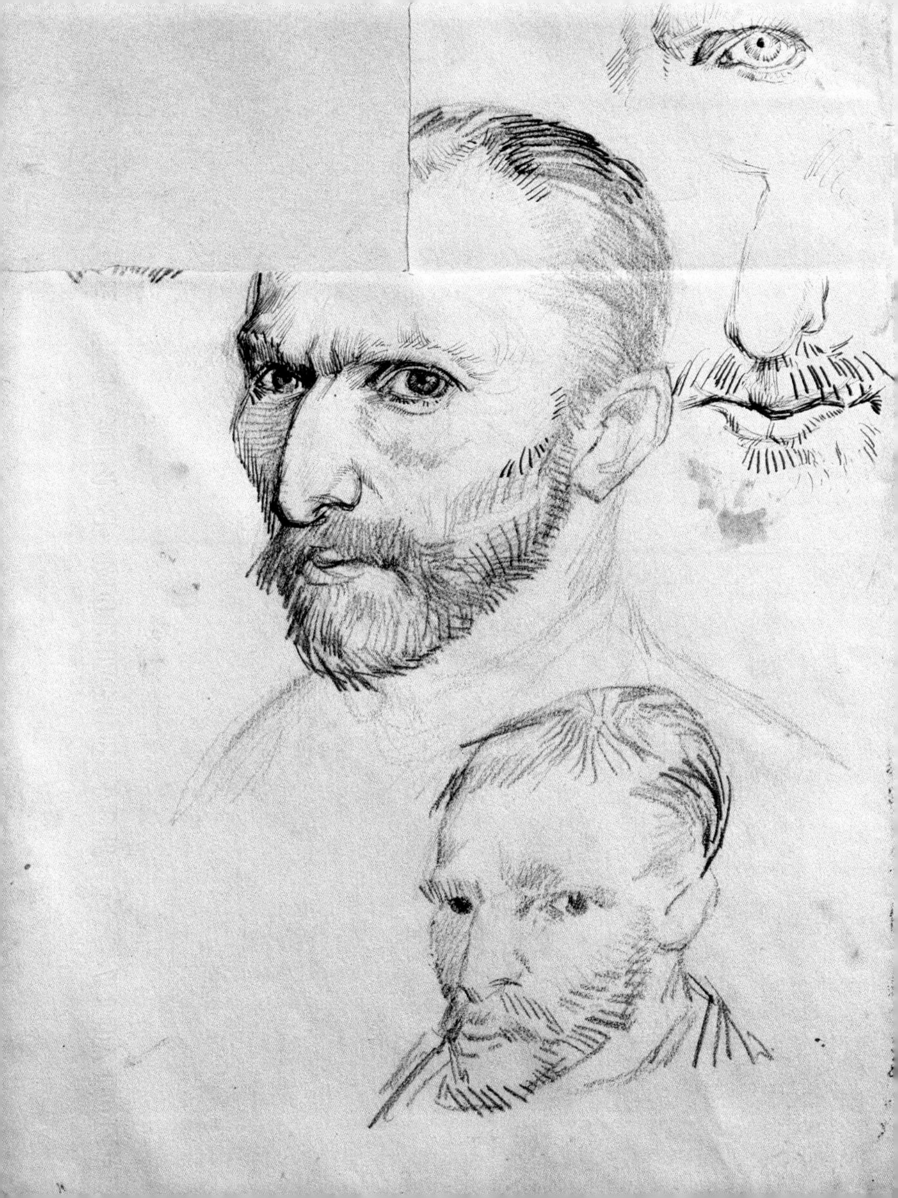

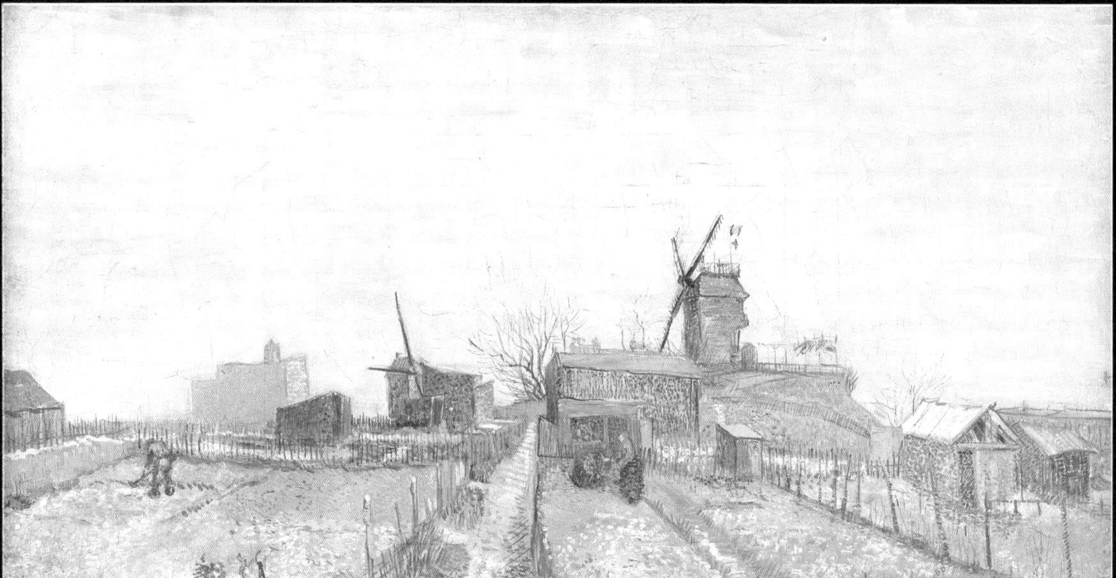
Vincent

인상주의

반 고흐는 그의 주관으로 둘러본 주변의 세상에 매료되었다. 테오와 함께 지낸 아파트 주변의 몽마르트 지역을 선명하게 기록했다. 〈몽마르트: 풍차와 채소밭 Montmartre: Windmills and Allotments〉에서는 도시 끝자락에서나 볼 수 있는 주말농장과 언덕 꼭대기에 세워진 풍차를 그렸다. 이 작품은 반 고흐가 인상파 화가들의 작품에서 느끼고 배운 점을 적용했다. 붓질로 현장감을 표현하였고 〈감자 먹는 사람들〉의 어두운 톤과는 다르게 선명한 파란색, 노란색, 그리고 초록색을 써서 햇살이 좋은 날을 선명하게 나타내려했다. 그림의 전경에 툭툭 찍어낸 빨간 점들은 반 고흐가 풍경의 색을 잘 이해하고 담아낸 부분이다.

고향의 추억

반 고흐는 그에게 보이는 대로의 그림을 그리긴 했지만 조심스럽게 다른 시각도 그려냈다. 언덕 위에 있는 풍차 중 하나는 그림이 그려졌을 당시에는 악명 높은 무도회장, 물랭 드 라 갈레트Le Moulin de la Galette로 개조되어 있었다. 하지만 이 그림에서 반 고흐는 도시적인 모습보다는 시골적인 몽마르트의 모습을 담으려고 했다. 그는 밭 전경에서 일하고 있는 두 노동자를 그려 넣어 농촌의 생활을 집중해서 표현했다. 시골 농부와 풍차라는 요소는 아마도 반 고흐가 그의 고향을 떠올리면서 그린 것이 아닐까 싶다. 인상주의파 화가들의 주장을 따라야한다면 눈에 보이는 그대로의 세계를 그려야 하였으나 반 고흐는 향수에 깊게 젖어 흙을 만지며 놀던 모습을 추억하며 그림을 완성했다.

일본의 매력

수 세기에 걸친 고립을 끝으로 일본이 1850년대부터 서양의 문물을 받아들이기 시작했다. 일본의 매력과 문화는 점점 확산돼 유럽 전체를 뒤흔들어 놓았다. 반 고흐는 앤트워프에서 처음 본 강한 색채와 깔끔한 선이 특징인 일본의 목판인쇄에 넋을 빼앗겼다. 동시대 화가들은 일본문화가 지나가는 유행일 뿐이라고 생각했다. 하지만 반 고흐는 일본미술 특유의 소박하면서도 강렬한 매력이 유럽 미술의 새로운 활기를 불어넣을 것이라 믿었다. 그는 일본은 예술가에게 친절한 나라라고 추측했다. 일본은 예술인을 지지하는 사회여서 유럽과 달리 화가들이 작품을 사줄 후원자를 찾아야하는 걱정이 없는 이상향이라고 생각했다. 이는 반 고흐의 큰 착각이였지만, 그가 왜 그렇게 일본의 문화에 애착을 가졌는지 알 수 있는 이유였다.

반 고흐는 히로시게Hiroshige의 〈가메이도의 매화Plum Estate, Kameido〉를 모작했지만 눈에 띄게 변화를 준 부분도 있었다. 불타는 듯한 빨간색과 강렬한 노란색을 써서 하늘을 더 선명하게 칠했다. 그는 그림에 빨간 테두리를 그려 위에는 허구의 일본어를 그려 넣었다. 이는 초록색의 잔디를 더 생생하게 보여주는 역할을 했다. 반 고흐는 보색을 써서 색의 선명함을 최대화하는 기법을 즐겨 썼다. 그의 역동적인 붓질은 간결하면서도 아름다운 자연을 잘 표현했고 그림에 활력을 불어 넣었다. 사촌 메브에게 미술을 배울 때, 반 고흐는 석고상을 베껴 그리는 모작이 싫어서 메브와 사이가 멀어졌었다. 하지만 이 그림을 보면 반 고흐가 자신만의 독창적인 변화를 주어 모작을 하고 다른 작가의 작품을 모방하는데 관심을 갖게 된 것을 알 수 있다.

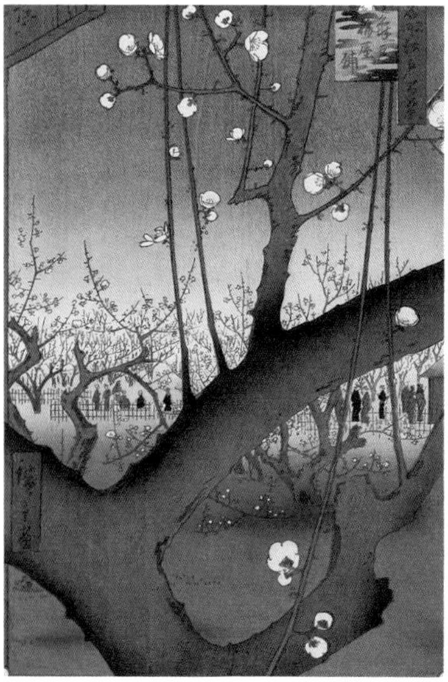

가메이도의 매화/카메이도 우메야시키
Plum Estate, Kameido/Kameido Umeyashiki

우타가와 히로시게(안도), 에도의 아름다운 전경 100선에서 30번째, 1857년 11월

목판화인쇄
36 × 23.5 cm(14⅛ × 9¼ in)
브루클린 미술관/안나 페르스의 기부/수탁번호:(30.1478.30)

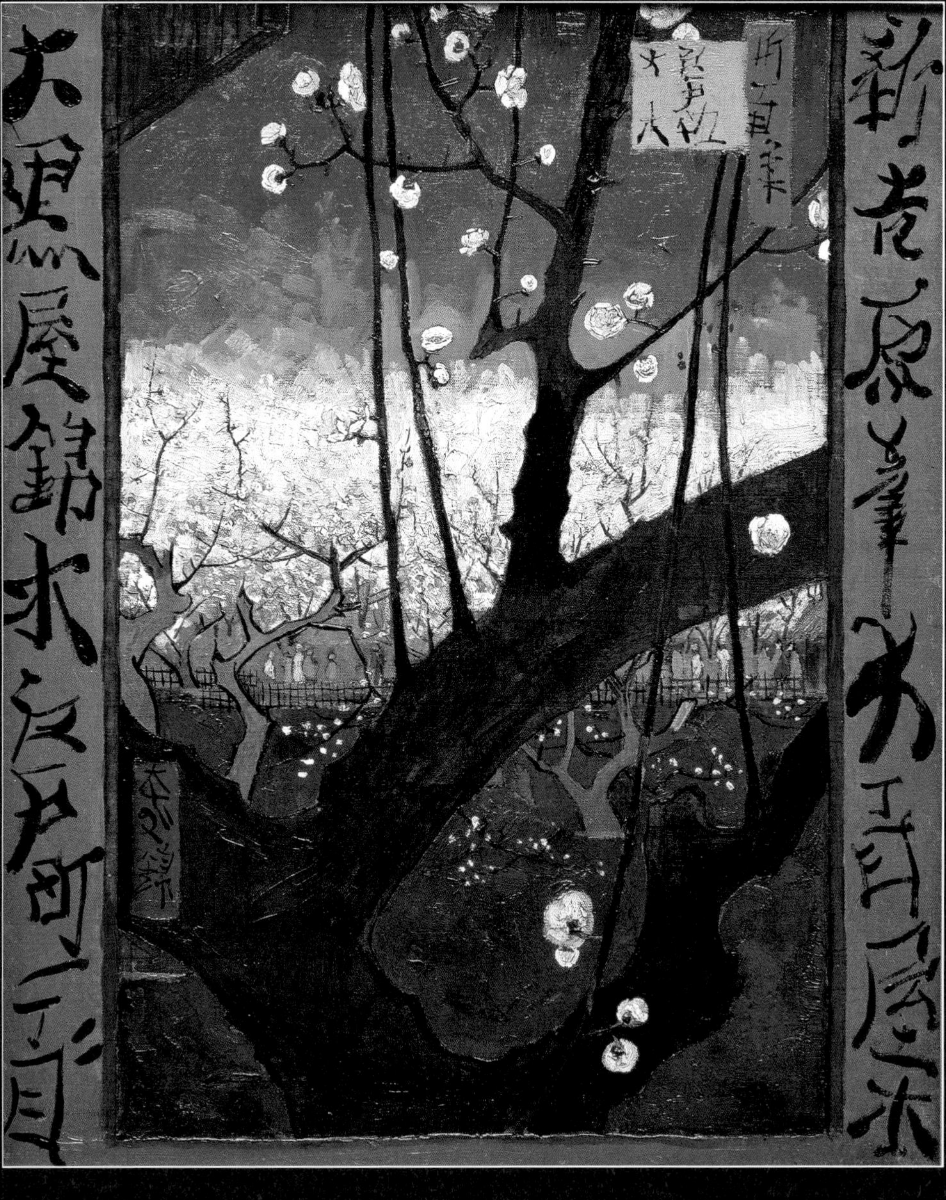

일본 취향: 꽃피는 매화나무(히로시게의 원작)
Japonaiserie:Flowering Plum Tree(after Hiroshige)

빈센트 반 고흐, 1887

코르몽의 작업실

반 고흐가 파리로 돌아왔을 때 그는 데생실력을 키우기 위해 페르낭 코르몽Fernand Cormon의 작업실에서 진행하는 수업을 들으러 다녔다. 코르몽은 진보적인 생각을 갖고 학생들을 가르치기로 유명하여 젊은 예술인들에게 좋은 호평을 얻고 있었다. 물론 메브처럼 석고상의 데생연습을 시켰지만 그는 학생들에게 파리의 거리와 문화를 많이 그리도록 격려했다. 반 고흐는 코르몽의 작업실 근처 거리와 골목을 몇 시간이고 걸어 다니며 주위 사람들의 인상을 틈틈히 스케치했다.

후기인상파

코르몽의 작업실에는 파리의 전위파 예술가들이 자주 모였는데, 그곳에서 반 고흐는 에밀 베르나르Emile Bernard와 앙리 드 툴루즈-로트레크Henri de Toulouse-Lautrec를 만나게 된다. 나중에는 베르나르의 친구 폴 고갱Paul Gauguin도 알게 된다. 이 젊은 예술인들은 처음에는 인상주의에 큰 영향을 받지만, 곧 성에 차지 않아 인상주의를 뛰어넘는 무언가를 원했다. 그들은 인상주의가 그저 풍경의 인상을 그리는 것에만 치중되어 있다고 느꼈다. 베르나르와 고갱은 그들이 세상에서 느낀 정서적인 반응을 전달하기 위해 물건의 형태와 색을 크게 왜곡하였다. 툴루즈-로트레크 또한 몽마르트의 무도회장이나 사창가에서 흔히 볼 수 있는 추악하고 비도덕적인 일들을 그림에 최대한 표현하려고 애썼다. 후에 그들의 작품은 후기인상주의로 불리며 반 고흐에게 영향을 주었다. 반 고흐는 자신처럼 작가의 감정을 그림을 통해서 전달하려고 하는 그들에게 유대감을 느끼고 동지를 만났다고 생각했다.

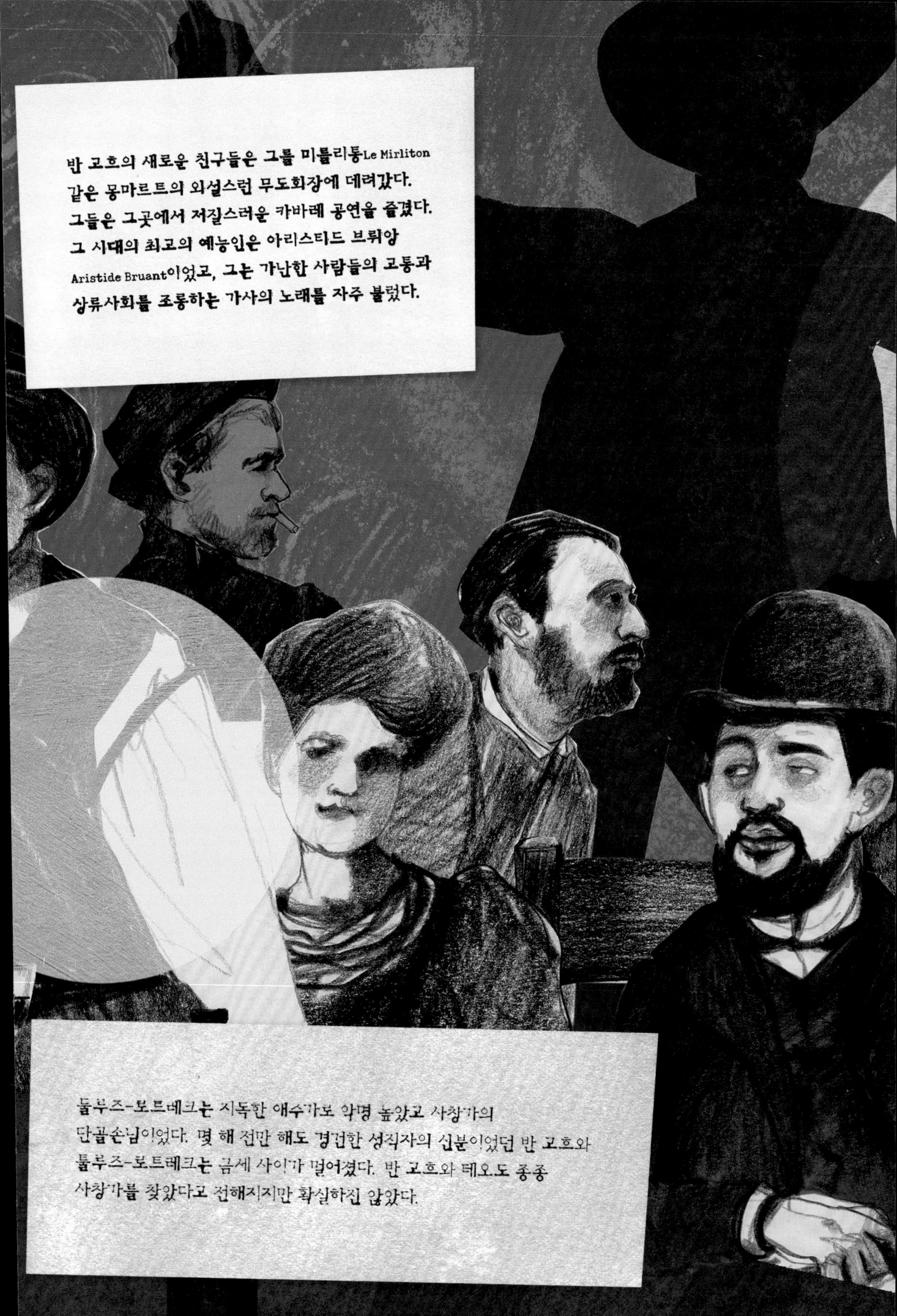
반 고흐의 새로운 친구들은 그를 미를리통Le Mirliton 같은 몽마르트의 외설스런 무도회장에 데려갔다. 그들은 그곳에서 저질스러운 카바레 공연을 즐겼다. 그 시대의 최고의 예능인은 아리스티드 브뤼앙Aristide Bruant이었고, 그는 가난한 사람들의 고통과 상류사회를 조롱하는 가사의 노래를 자주 불렀다.
툴루즈-로트레크는 지독한 애주가로 악명 높았고 사창가의 단골손님이었다. 몇 해 전만 해도 경건한 성직자의 신분이었던 반 고흐와 툴루즈-로트레크는 금세 사이가 멀어졌다. 반 고흐와 테오도 종종 사창가를 찾았다고 전해지지만 확실하진 않았다.

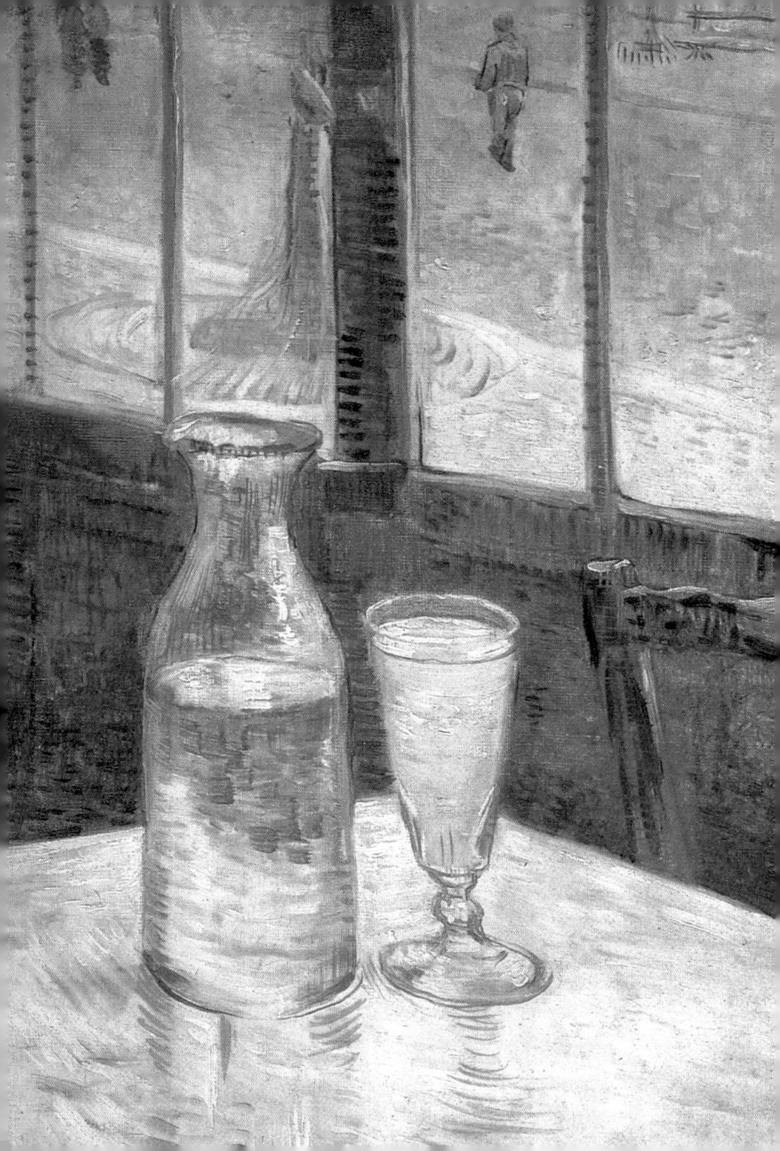

반 고흐의 정신병?

런던에서 유제니 로어를 짝사랑하고 실연을 당한 후로 반 고흐의 정신 불안 증세가 나타났다. 그는 쉽게 우울해졌고 화를 다스리지 못했다. 반 고흐의 행동이 선천적인 병 때문인지 아니면 그냥 정신이 나간 건지 끝없이 논란이 되었다. 그가 간질을 앓고 있거나, 소문처럼 헤이그에 지낼 때부터 들락거린 사창가에서 매독을 옮았다는 설이 있었다. 그 시대엔 항생제가 없어 매독에 걸리면 치유할 수가 없었고, 사람들은 병의 증상으로 망상이나 헛소리를 한다고 믿었다. 다른 추측으로는 그가 색을 칠할 때 쓰는 물감에서 나오는 유독성분으로 납중독이 되었거나 도수가 높은 아니스 향의 술, 압생트에 중독되어 정신이 나갔다는 것이었다.

압생트와 카페 테이블

반 고흐의 정신상태의 관해 정확한 결론을 내릴 수 없었지만 한 가지 확실한 건 그의 그림은 미친 사람이 그린 그림이 아니었다. 정신이 나가 광란의 그림을 그리는 그의 이미지는 사실과 조금 거리가 있어보였다. 그가 테오에게 보내는 편지에는 오로지 정신이 맑을 때만 그림을 그린다는 내용이 자주 적혀있었다. 〈압생트와 카페 테이블〉에서는 반 고흐가 즐겨 마시는 압생트가 간결한 구도로 그려졌다. 컵 하나와 창문밖에 홀로 멀어져가는 한 행인은 반 고흐가 느끼는 외로움을 조심스럽게 전달했다. 그는 이 그림을 통해 자신의 감정을 절제된 형식으로 표현했다.

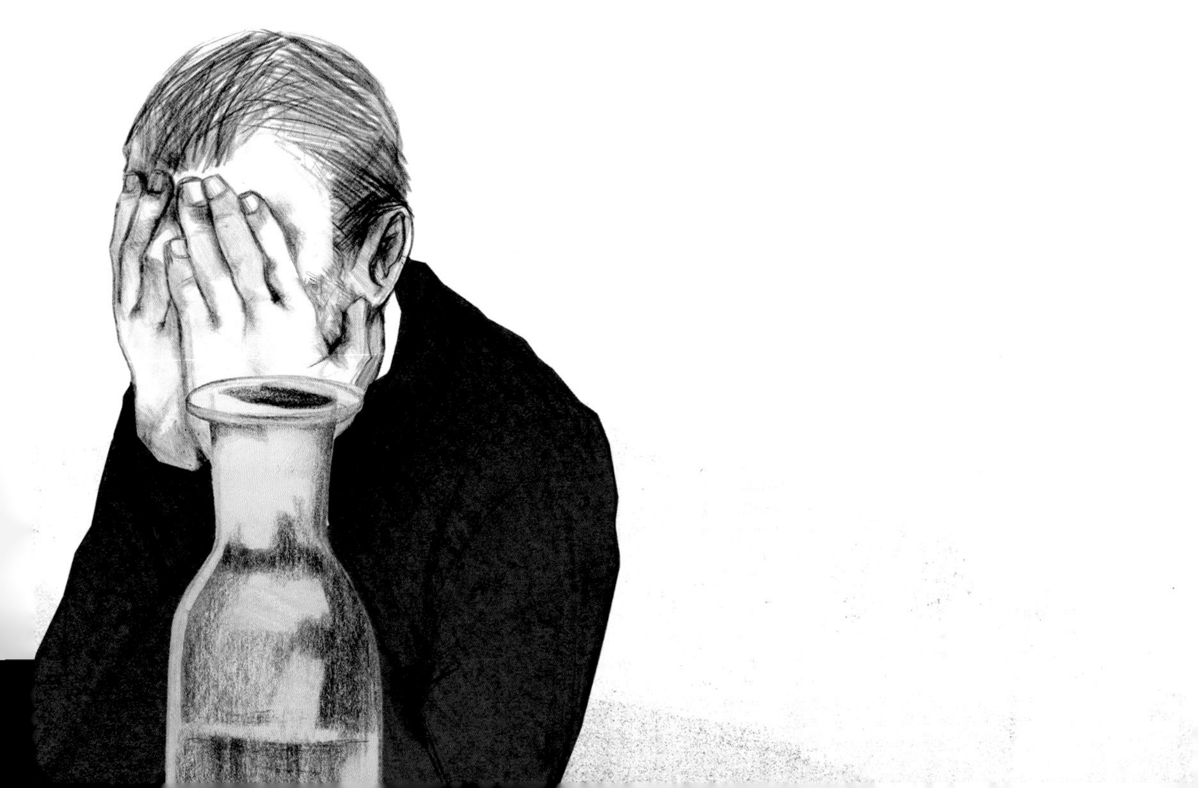

아스니에르 센 강의 다리

1887년 봄, 반 고흐는 몽마르트 북서쪽에 위치한 노동자들의 거주지역인 아스니에르에서 종종 그림을 그렸다. 그곳에서 그는 후에 신인상주의를 이끄는 사람 중의 한 명인 폴 시냐크Paul Signac를 만난다. 후기인상파 고갱은 그림의 표현력에 중심을 뒀다면 신인상주의의 기법은 대비되는 보색을 나란히 작은 점으로 그려내 과학적으로 정확한 빛을 표현하는 것이었다. 색채론에 관심이 많았던 반 고흐는 시냐크의 기법에 크게 감동하여 그의 스타일을 모방했다. 하지만 지루한 점찍기 기법은 성질이 급한 반 고흐에게는 적합하지 않았다.

〈아스니에르 센 강의 다리Bridges across the Seine at Asnieres〉에서는 부분적으로만 신인상주의의 기법을 사용했다. 반 고흐는 시냐크가 선호했던 보색대비를 대거 사용해 이 그림을 그렸다. 예를 들어 나란히 칠해진 파란색 물과 노란색 배, 강기슭과 다리, 그리고 다리 밑에 있는 빨간색 보트를 돋보이기 위한 초록색 선들이 있었다. 하지만 반 고흐에게 시냐크의 점묘법은 너무나 어려워 반 고흐 특유의 가늘고 긴 선으로 그렸다. 반 고흐가 철교를 지나면서 연기를 내뿜는 기차를 그린 것을 보아하니 아스니에르의 도시적인 측면을 인정한 것 같았다. 그는 이 밋밋하고 평범한 파리 근교의 풍경을 눈부시게 밝은 햇살의 아름다움으로 그렸다.

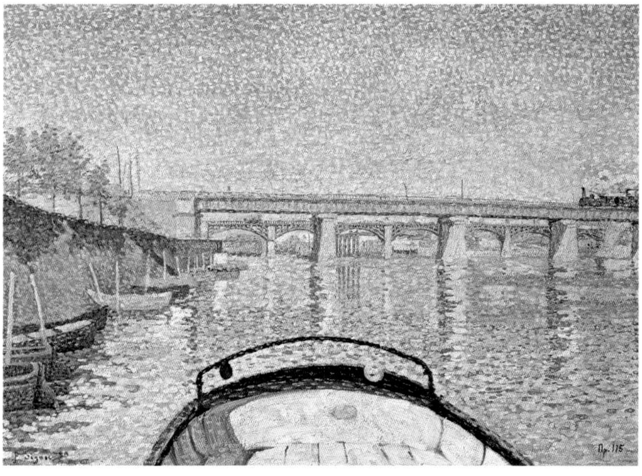

폴 시냐크/아스니에르의 다리

Paul Signac/The Bridges at Asnieres

폴 시냐크, 1888

캔버스에 유채
46 × 65 cm(18½ × 25⅝ in)
개인소장

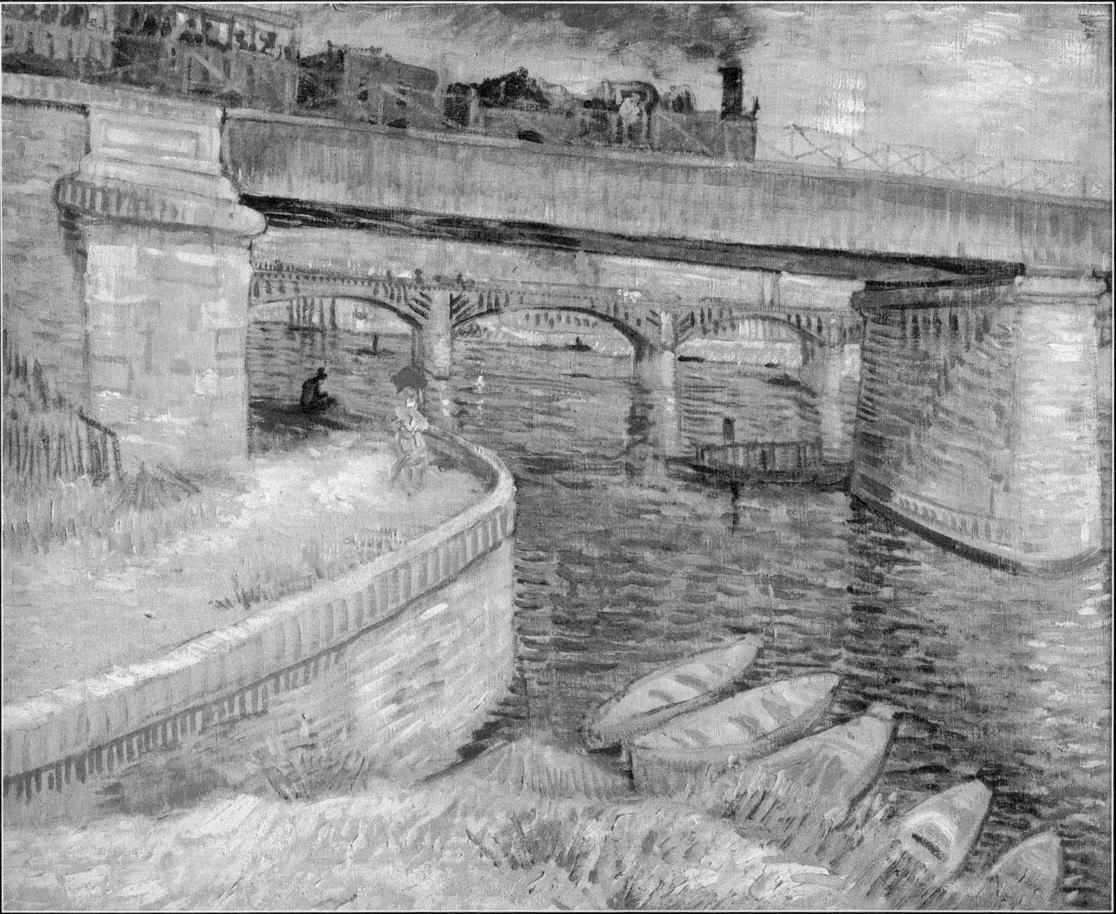

아스니에르 센 강의 다리

Bridges across the Seine at Asnieres

빈센트 반 고흐, 1887

캔버스에 유채
53.5 × 67 cm(21 × 26⅜ in)
뷰레 컬렉션, 취리히

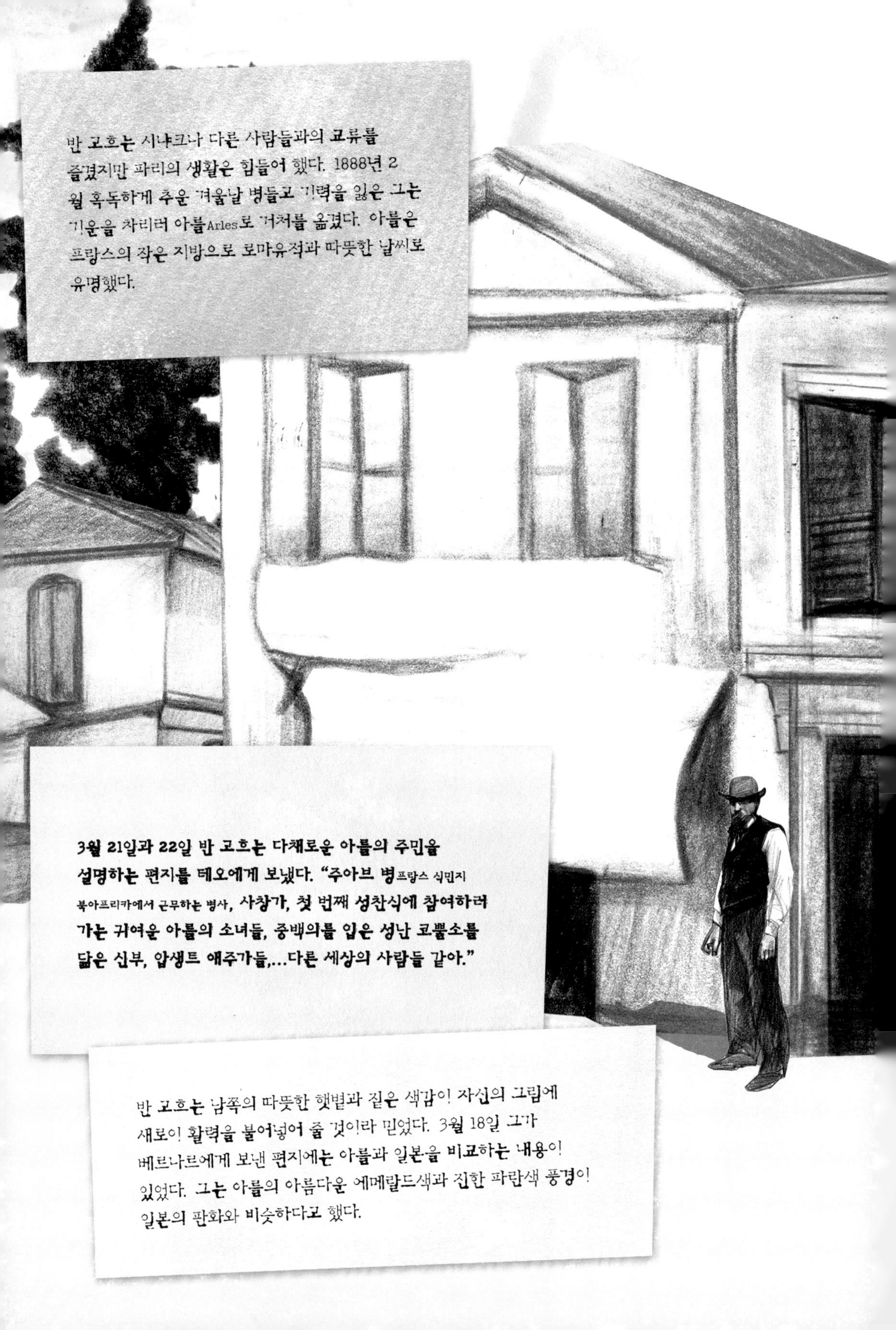
반 고흐는 시냐크나 다른 사람들과의 교류를 즐겼지만 파리의 생활은 힘들어 했다. 1888년 2월 혹독하게 추운 겨울날 병들고 기력을 잃은 그는 기운을 차리러 아를Arles로 거처를 옮겼다. 아를은 프랑스의 작은 지방으로 로마유적과 따뜻한 날씨로 유명했다.
3월 21일과 22일 반 고흐는 다채로운 아를의 주민을 설명하는 편지를 테오에게 보냈다. "주아브 병프랑스 식민지 북아프리카에서 근무하는 병사, 사창가, 첫 번째 성찬식에 참여하러 가는 귀여운 아를의 소녀들, 중백의를 입은 성난 코뿔소를 닮은 신부, 압생트 애주가들,...다른 세상의 사람들 같아."
반 고흐는 남쪽의 따뜻한 햇볕과 짙은 색감이 자신의 그림에 새로이 활력을 불어넣어 줄 것이라 믿었다. 3월 18일 그가 베르나르에게 보낸 편지에는 아를과 일본을 비교하는 내용이 있었다. 그는 아를의 아름다운 에메랄드색과 진한 파란색 풍경이 일본의 판화와 비슷하다고 했다.

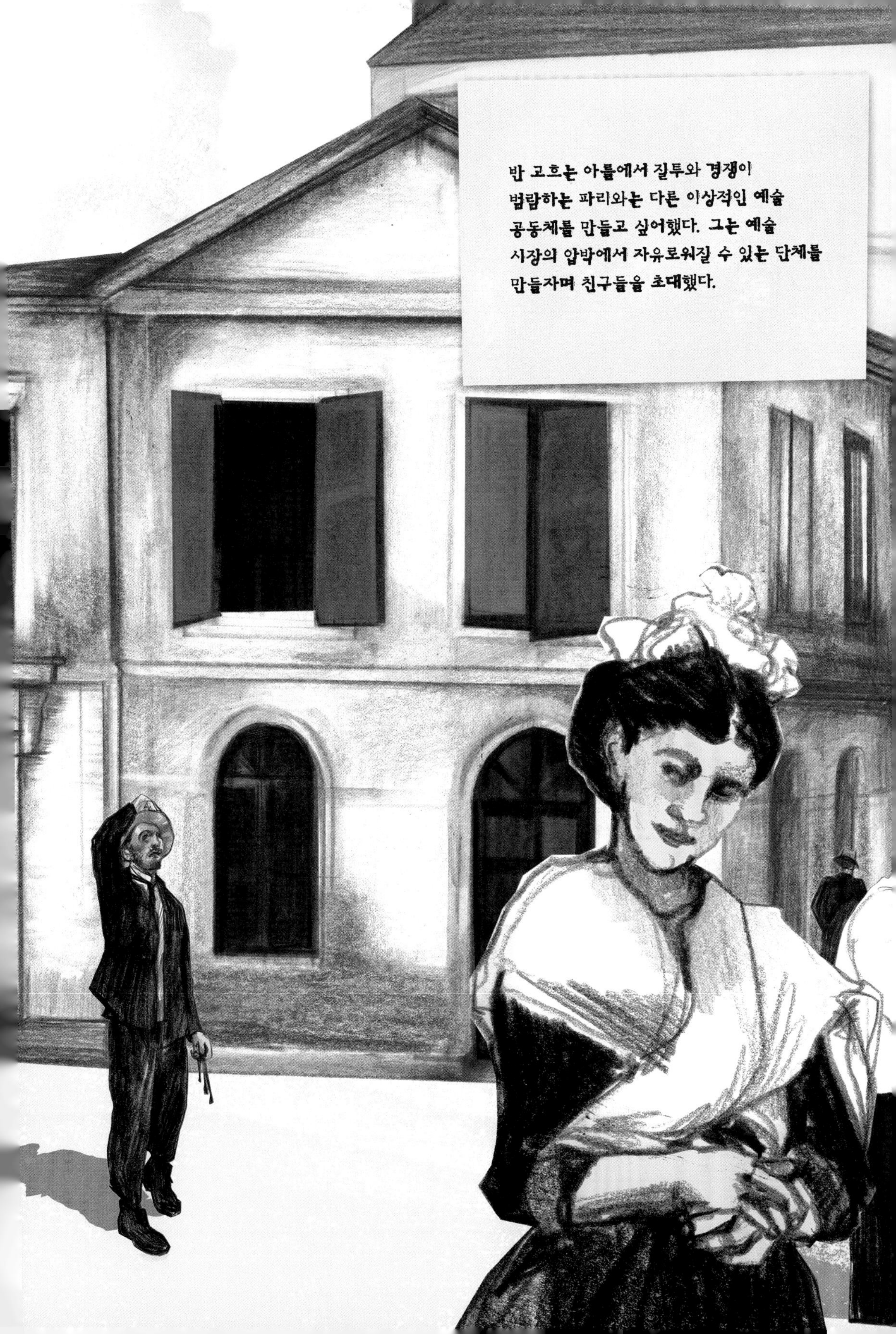
반 고흐는 아를에서 질투와 경쟁이 범람하는 파리와는 다른 이상적인 예술 공동체를 만들고 싶어했다. 그는 예술 시장의 압박에서 자유로워질 수 있는 단체를 만들자며 친구들을 초대했다.

노란 집

두 달간 호텔에서 지낸 반 고흐는 아를 중심에 있는 라마르탱 광장Place Lamartine근처에 집을 빌렸다. 그는 이 집의 노란 색상에 끌려서 계약을 했다. 그에게 노란색은 기쁨과 일본을 상징했다. 그는 들뜬 마음으로 친구들을 맞을 준비를 했다. 첫 번째 방은 그가 작업실로 쓸 방으로, 이내 집을 꾸미기 위해 그리다 만 그림들과 다 써버린 물감, 붓들로 어질러졌다. 두 번째 방은 그의 침실로 쓰였다. 세 번째 방은 하루빨리 그와 동참해줄 친구들이 오기를 바라며 손님방으로 꾸몄다.

침실

〈침실The Bedroom〉의 방은 반 고흐의 침실인데 그곳에는 기본적인 가구가 놓여있었고 장식용으로 그린 그림들이 벽에 걸려있었다. 그는 제일 안쪽의 벽의 각도를 틀리게 그린 것만 빼곤 실제 방의 배치를 정확하게 그렸다. 반 고흐는 방의 외관을 간결하게 그리고 색은 덩어리지게 칠해(부분적으로 노란색과 연한 파란색의 자연스러운 조화를 포함하여) 그가 이곳에서 잠시나마 느꼈을 평온함을 표현하고 있다. 1888년 10월 16일, 그는 이 그림을 설명하는 편지를 테오에게 보낸다.

> "이건 그냥 내 침실이야, 하지만 색이 주는 역할은 크지. 잠을 자거나 휴식을 취하는 방의 느낌을 주기위해 복잡한 색을 쓰지 않았어. 덩어리진 색은 사물을 커보이게 해. 이 그림을 보면 마음이 안정되거나 상상력을 줄 거야."

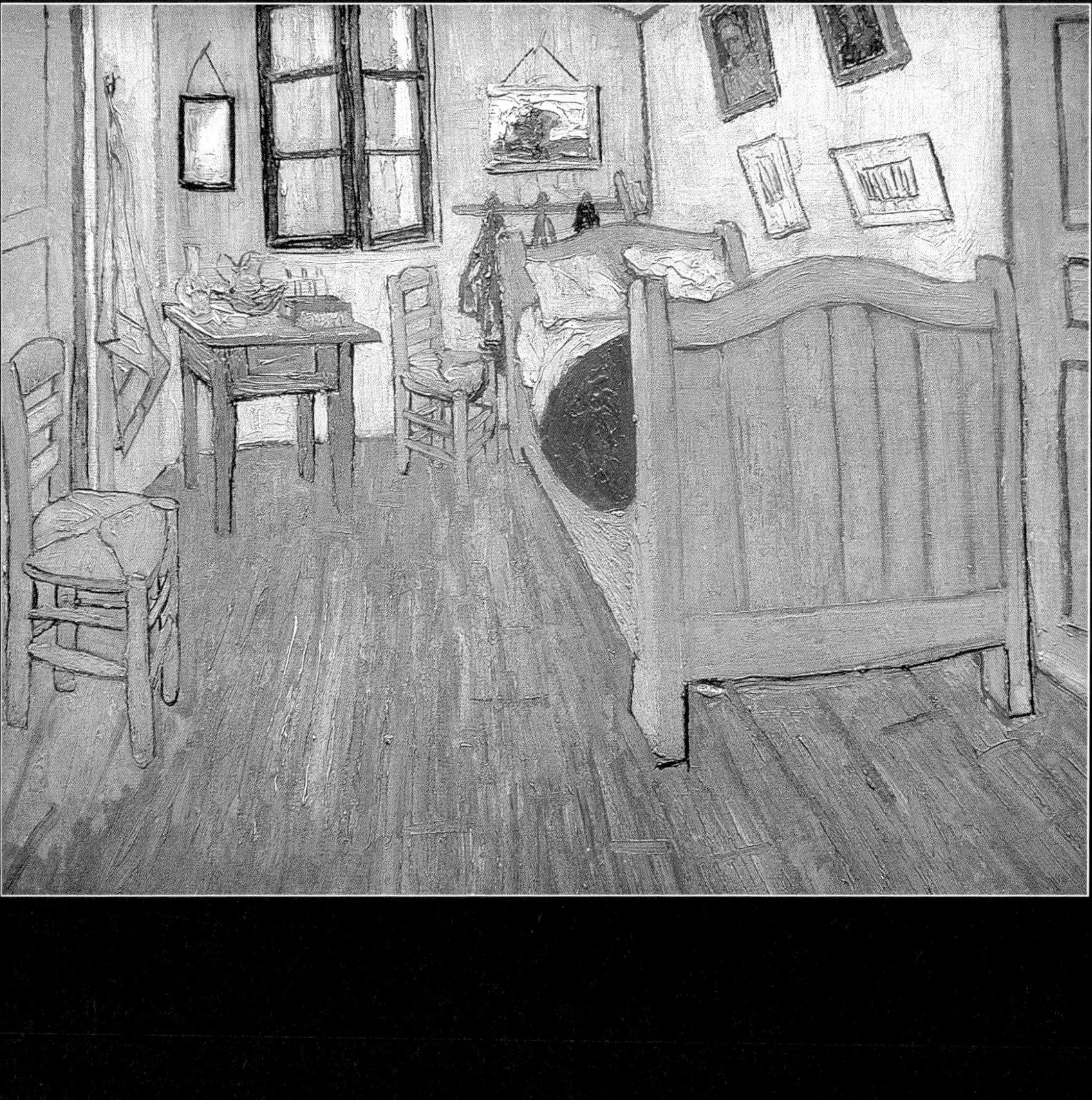

침실

The Bedroom

빈센트 반 고흐, 1888

캔버스에 유채
72 × 90 cm(28⅜ × 35⅜ in)
반 고흐 미술관, 암스테르담(빈센트 반 고흐 재단)

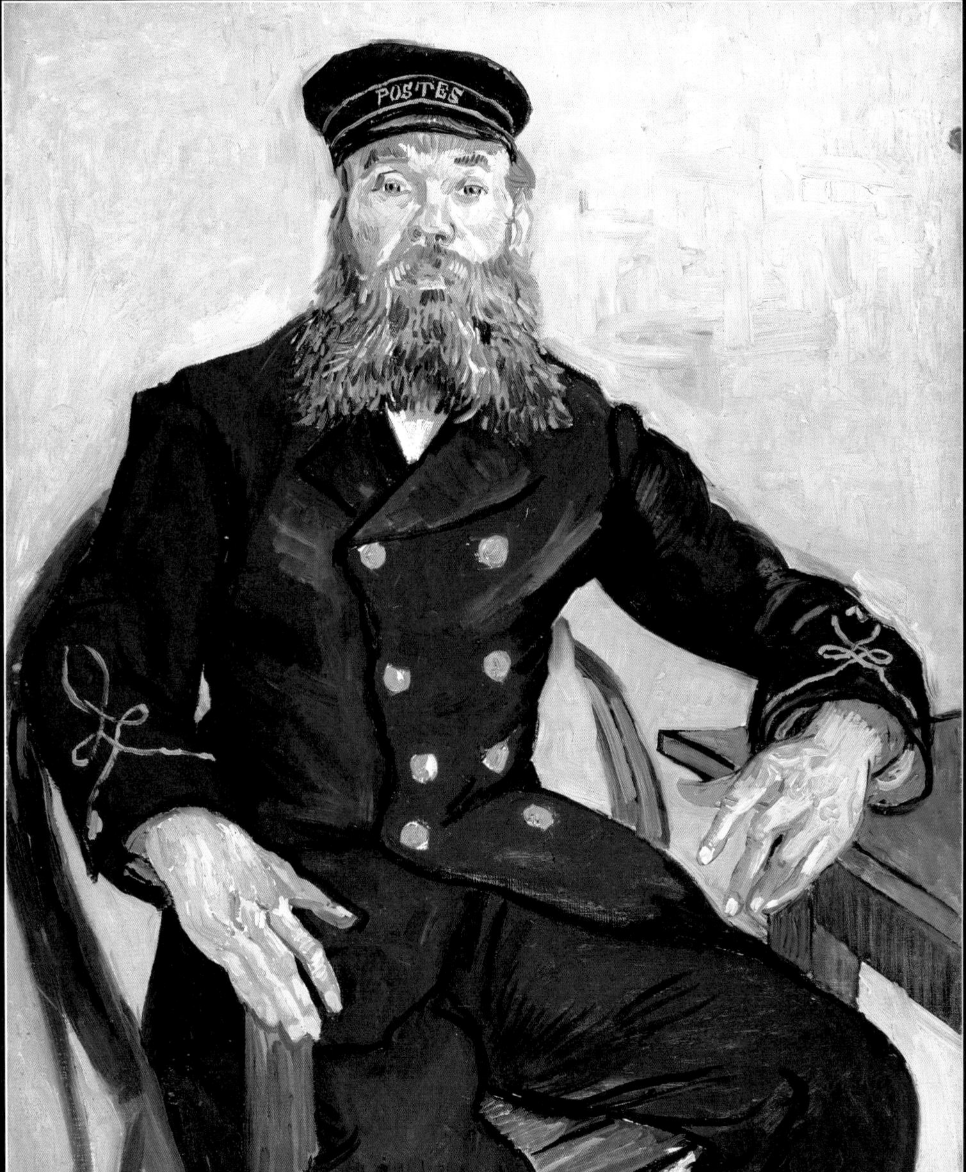

우체부 조셉 룰랭
Postman Joseph Roulin

빈센트 반 고흐, 1888

캔버스에 유채
81.3 × 65.4 cm(32 × 25¾ in)
보스턴 미술관

귀한 친구

반 고흐는 아름다운 아를의 주민들과 그곳에서의 생활을 즐거워했지만, 스스로를 외부인이라고 생각했고 실제로도 대부분의 주민들은 그를 이상한 사람이라고 생각했다. 그는 북쪽에서 온 예술가이고, 쉽게 화내거나 우울해하고, 그리고 그들이 한 번도 본적이 없는 이상한 그림들을 그려댔다. 하지만 그 와중에도 그는 두세 명의 가까운 친구들을 사귈 수 있었다. 그중 한 명이었던 집배원 조셉 롤랭Joseph Roulin과 가끔 동네 카페에서 함께 압생트를 마시곤 했다.

우체부 조셉 롤랭

반 고흐는 그의 친구를 화려하게 빛나는 파랗고 노란 제복의 모습으로 그렸다. 롤랭의 눈빛에는 악의가 없었고 먼저 말을 걸어주기를 기다리는 모습 같았다. 7월 31일, 테오에게 보내는 편지에 반 고흐는 롤랭을 '극심한 공화주의자'라고 적었고 정기적으로 사나운 의견을 말하며 분통을 터트린다고 설명했다. 반 고흐의 평민을 향한 동정심은 이미 그의 습관처럼 되어, 그는 롤랭과 같은 노동계급층의 직설적이고 정직한 의견에 매력을 느꼈다. 반 고흐는 그의 단순함과 진정함이 잘 전달될 수 있도록 그림의 색상과 옷의 윤곽을 최대한 간결하게 그렸다. 눈에 띄게 단순한 기법은 롤랭의 솔직한 성격을 잘 표현해줬다.

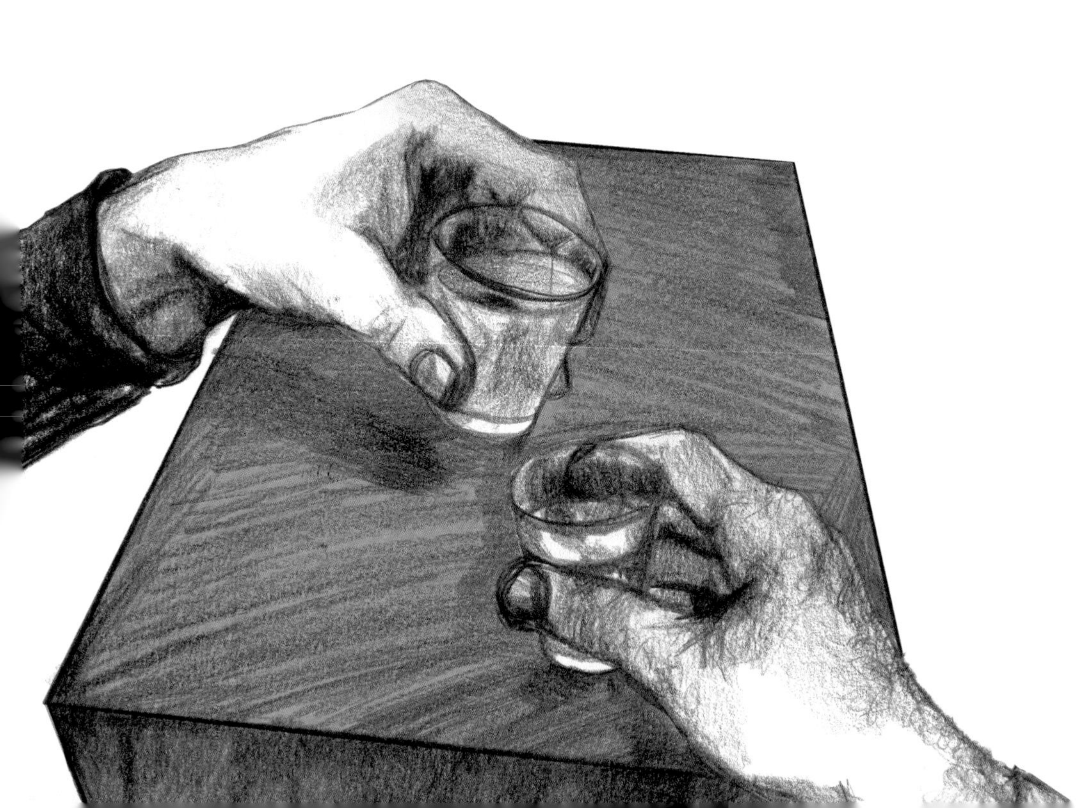

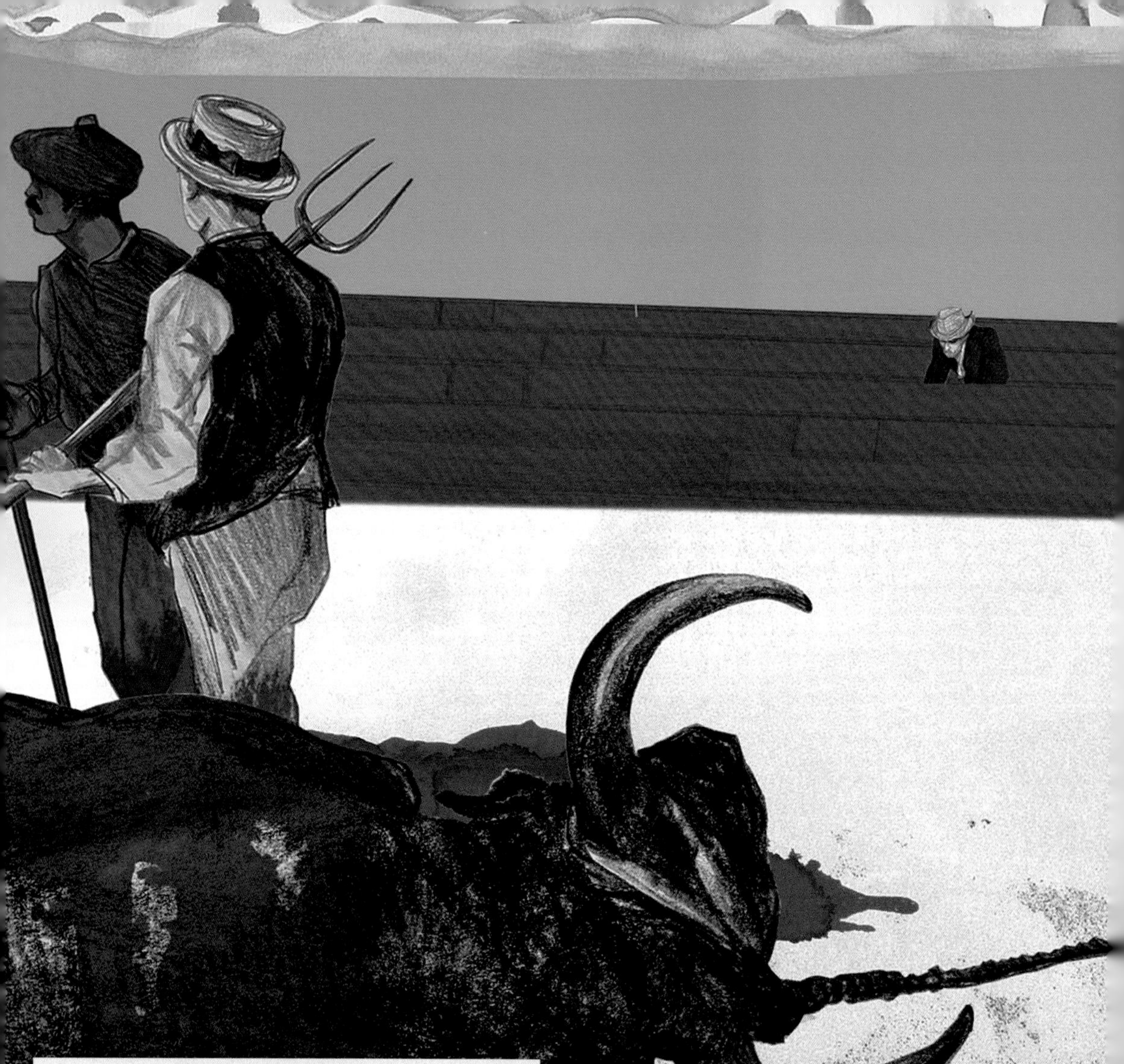

5월 29일과 30일, 반 고흐는 일요일에 보았던 소싸움의 내용을 친구 아놀드 코닝Arnold Koning에게 편지로 전한다. 소싸움에서 한 소가 기회를 엿보더니 장벽을 뛰어넘어갔다. 관중들은 소를 피하려고 뿔뿔이 흩어졌다. 생과 사를 넘나드는 사람과 짐승의 버둥거림을 본 반 고흐는 그가 예술에서 추구하고자 했던 격렬함을 되새김질했다.

룰랭 그리고 그의 몇몇 친구들과의 술자리를 제외하고는 아를에서 그는 홀로 지냈다. 7월 5일, 테오에게 쓴 편지다. "음식을 주문할 때 빼고는 누구와도 말하지 않은 지 며칠이 지났어." 그는 시끌벅적했던 소싸움에서도 외로움을 느꼈다고 했다.

형제애

반 고흐는 테오에게 자신이 한 일과 느낀 감정을 써서 주 2,3회 정도 편지를 부쳤다. 테오가 보내주는 답장은 그가 아를에서 유일하게 사람과 교류를 하는 것이었고 후에 이 편지들은 아를에서의 그의 생활을 기록한 귀중한 자료가 된다. 반 고흐는 그가 진행하고 있는 작품의 설명을 길게 쓰거나, 그림을 더 잘 이해할 수 있게 가벼운 스케치를 그려 보냈다. 그는 새로운 그림을 그릴 때마다 동생의 의견을 듣고 싶어 했다. 또한 그림의 관객을 찾기 위해서는 어찌 해야 하는지 정기적으로 조언을 부탁했다. 테오는 형의 고객을 찾기 위해 구필화랑 파리지점에 반 고흐의 그림을 놓게 해달라고 상사를 설득했지만 거절당했다. 테오는 형의 예술가로서의 삶을 지지하기 위해 정기적으로 돈을 보냈다. 테오는 금전적으로 풍요롭지도 않았고 건강에도 큰 문제가 있었다. 하지만 테오에게는 그의 형의 정신상태가 제일 걱정이었다.

불안한 마음

반 고흐의 편지는 그의 정서불안이 악화되는 것을 보여주었다. 한번은 테오가 자신을 무시하고 거들먹거린다며 비난하는 편지를 보낸 후에 곧바로 부당한 비난을 용서해달라며 자책하는 내용의 편지를 보냈다. 반 고흐는 소득이 없는 자신 때문에 경제적인 부담을 지고 있는 테오를 생각하며 괴로워했다. 그는 자신이 그리는 모든 그림의 소유권을 테오에게 줄 작정이였지만, 이 작품들이 과연 금전적인 가치가 있기는 한지에 대해 조바심이 생겼다. 아주 가끔 그는 긍정적인 내용의 편지를 썼다. 같은 해 9월 23일과 24일, 그는 테오에게 그가 혼자 지내고 있지만 외로움은 시간이 지나면 괜찮아질 것이라 했다. 그리고 노란 집은 그가 안심하고 안정을 찾을 수 있는 장소가 될 것이라고 전했다. 하지만 그 뒤 대부분의 편지는 그의 우울한 감정을 담고 있었고 점점 주위에 소외감을 느낀다는 내용이었다. 아를에서의 생활이 자신을 구원해 줄 것이라 굳게 믿었던 희망마저도 조금씩 사라지는 듯했다.

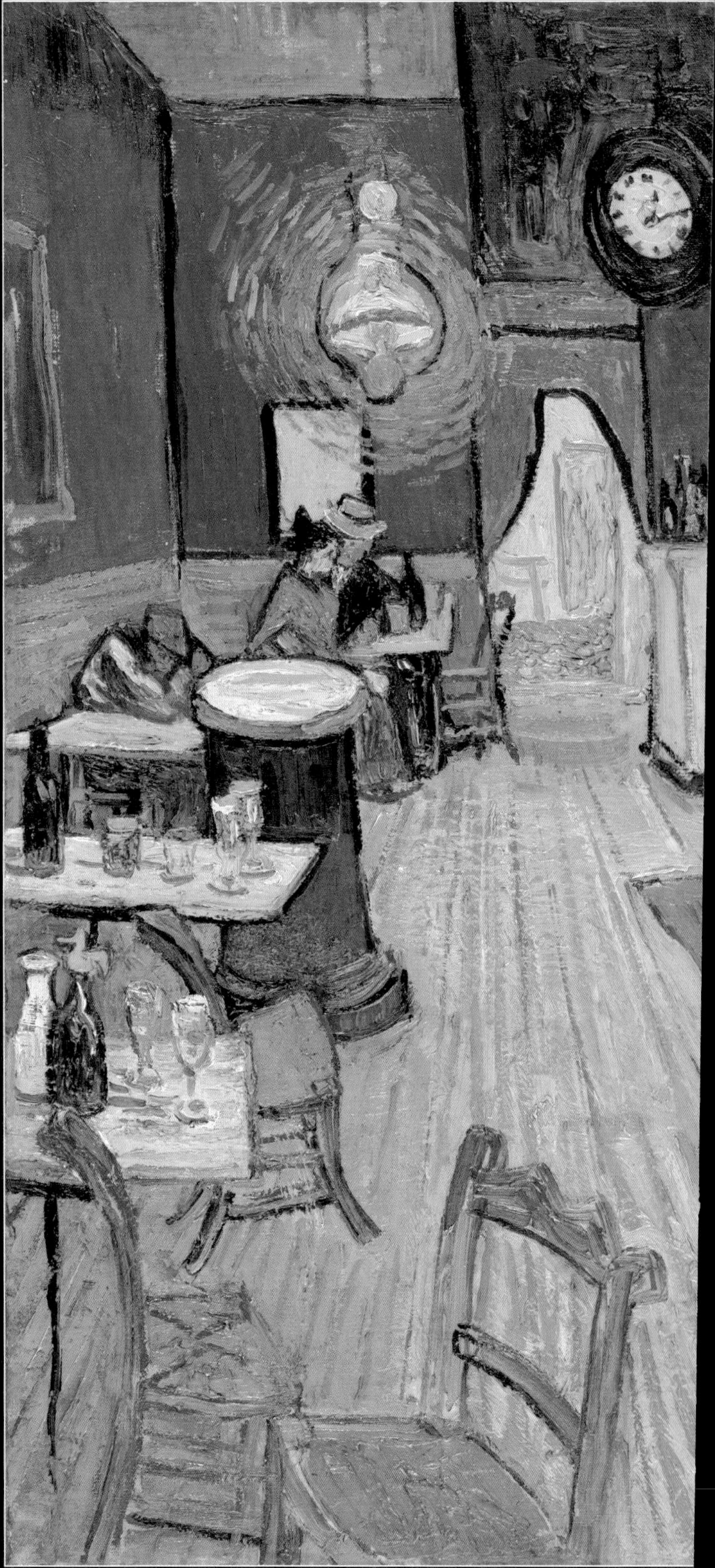

밤의 카페

The Night Cafe

빈센트 반 고흐, 1888

캔버스에 유채
72.4 × 92.1 cm (28½ × 36¼ in)
예일대학교 미술관
스티븐 칼튼 클라크 유산, 1903
1961.18.34

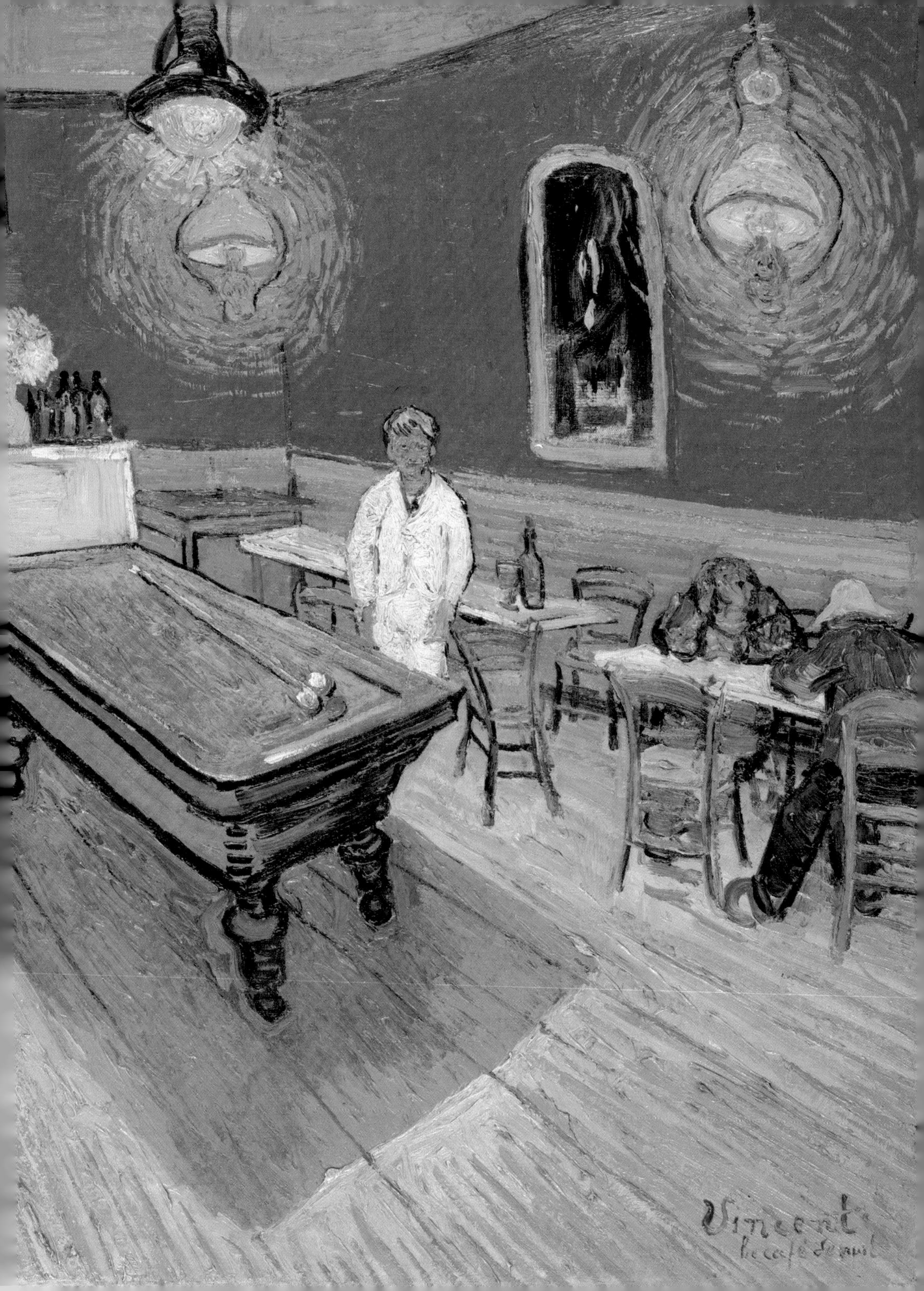
Vincent
le café de nuit

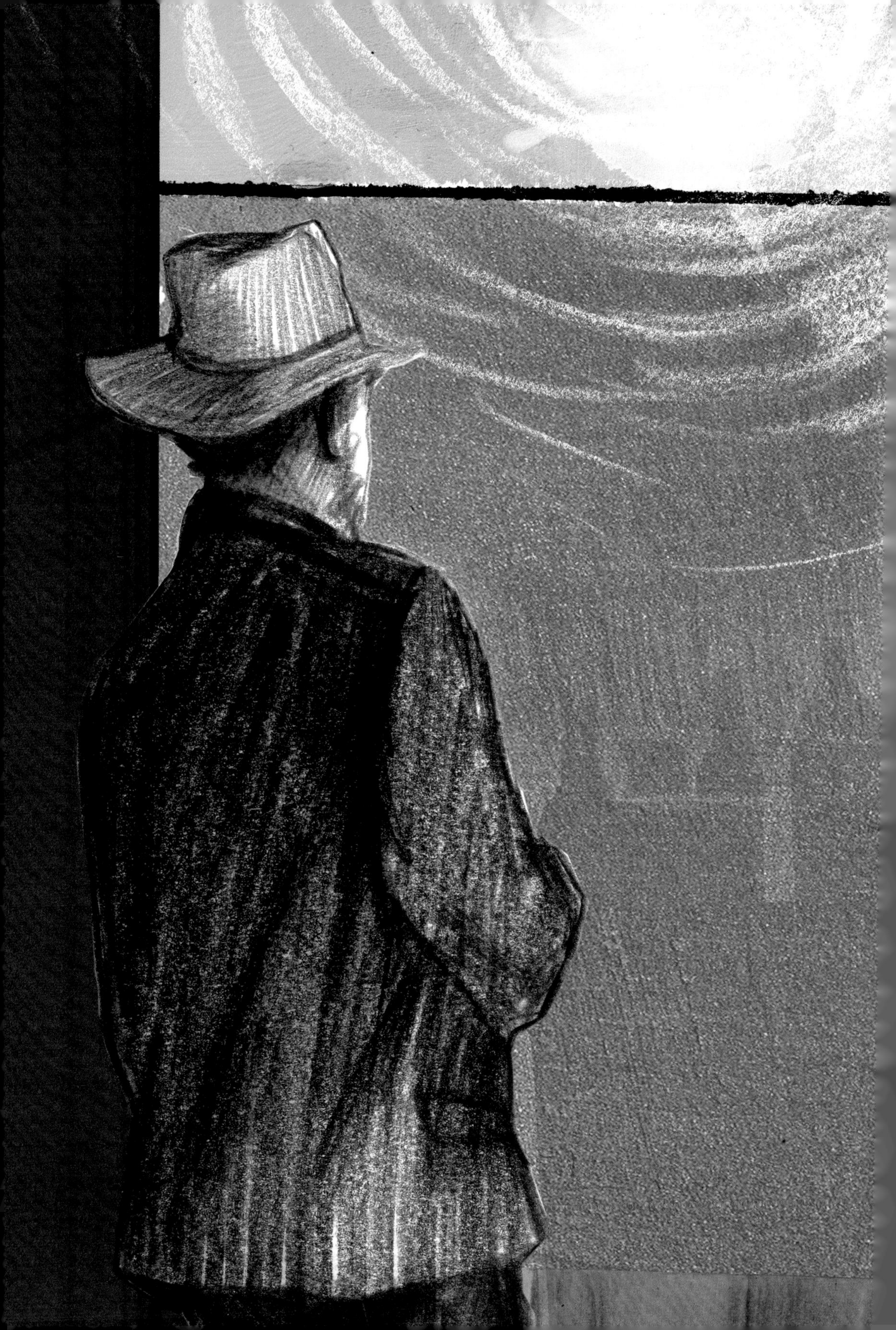

밤의 카페

그는 밤의 카페 드 라 가르Café de la Gare를 가장 소외감을 느끼는 장소라고 표현했다. 카페 위쪽엔 작은 방이 있었는데, 반 고흐가 처음 아를에 왔을 때 지낸 곳이었다. 하지만 두 달 후 밀린 월세로 주인 조셉 지누Joseph Ginoux와 크게 다투고 방에서 나왔다. 1888년 9월 8일 테오에게 보낸 편지에는 반 고흐가 지누에게 복수하기 위해 그의 '더럽고 낡은 집'을 자신이 그려본 그림 중에 제일 추악하게 그렸다고 말했다. 반 고흐는 그 그림을 그리기위해 낮에 잠을 자고 꼬박 3일 동안 밤을 새워 그렸다. 그림은 입구 쪽에서 카페 안을 바라보는 구도였다. 가게는 들어가야 할지 망설이게 되는 매력 없는 장소로 그려지고 하얀 작업복을 입은 주인 지누 또한 그다지 환영하는 눈초리는 아니었다. 조금 있는 손님이라곤 쪽잠을 자고 있는 깡패들과 구석에 자리를 잡은 창녀와 그녀의 손님이었다. 그림 속 과도하게 과장된 원근법은 현기증과 불안감을 일으키고 당구대 밑의 커다란 그림자는 보는 이로 하여금 불길한 기운을 느끼게 하는 그림이었다.

반 고흐는 〈밤의 카페The Night Cafe〉에 자신이 이 장소에서 느꼈던 격한 감정을 표현하기 위해 왜곡된 색상을 사용했다. 테오에게 앞서 보낸 편지에는 이렇게 설명했다. "사람의 못된 마음을 보색인 빨강과 초록으로 표현했다." 두 색은 색상환에서 서로 맞은편에 있는 색상이다. 메스꺼울 만큼의 진한 노란색의 바닥과 벽에서 빛을 내뿜는 램프, 조화롭지 않은 혈색의 빨간 벽과 씁쓸한 초록빛 당구대와 천장은 그림에 어수선한 인상을 더해주었다.

카페 주인 지누에게 화가 나있는 반 고흐는 동정심이라곤 찾아볼 수 없는 끔찍한 그림을 그렸다. 하지만 그 와중에도 그는 늦은 밤 홀로 외롭게 술을 마시는 카페의 손님은 불쌍하다고 생각했다. 그는 테오에게 이 그림은 "다르지만 〈감자 먹는 사람들〉과 거의 동급의 그림"이라고 얘기했다. 반 고흐는 그가 힘든 상황에 놓였을 때도 그보다 힘겹게 삶을 사는 사람들을 향한 감정이입을 멈추지 않았다.

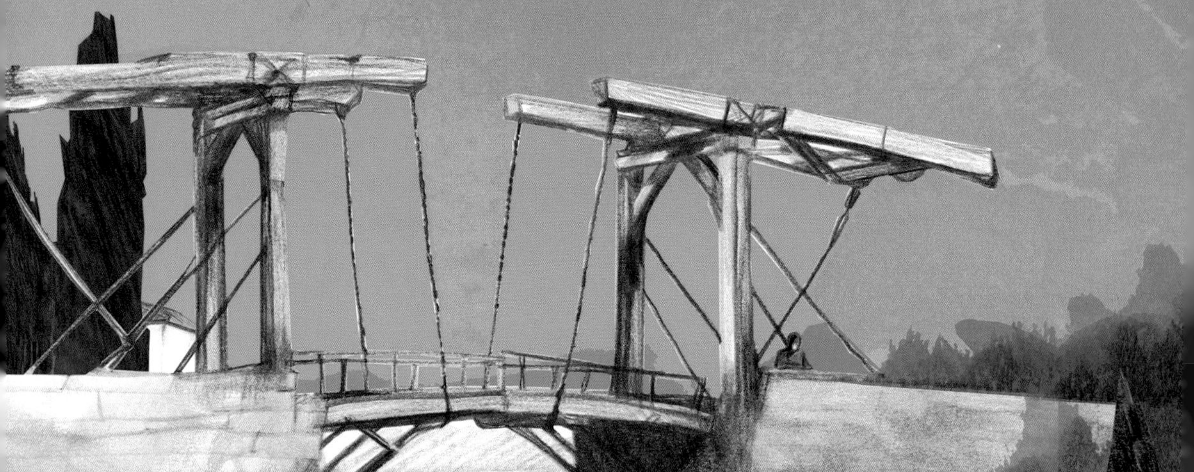

반 고흐는 아를에서 지내면서 외로움을 느꼈지만 자연에서 많은 위로를 받았다. 네덜란드에서는 농사일을 하는 노동자들을 자주 그렸고, 이곳에서는 자연이 가진 치유의 힘을 표현하려고 노력했다. 자연의 아름다움은 그의 우울증에 해독제 역할을 했다.

그는 캔버스와 물감을 가지고 깊숙한 시골로 걸어갔다. 겨울과 봄에는 미스트랄* 이 불어 그림을 그리기 어려웠고, 여름에는 모기가 극심하여 문제였다. 하지만 1888년 7월 13일 테오에게 보낸 편지에는 짜증스러운 문제에도 눈앞에 펼쳐진 아름다운 풍경을 보면 그 고난을 보상받는 느낌이라고 말했다.

* 프랑스 남부 지방에서 주로 겨울에 부는 춥고 거센 바람

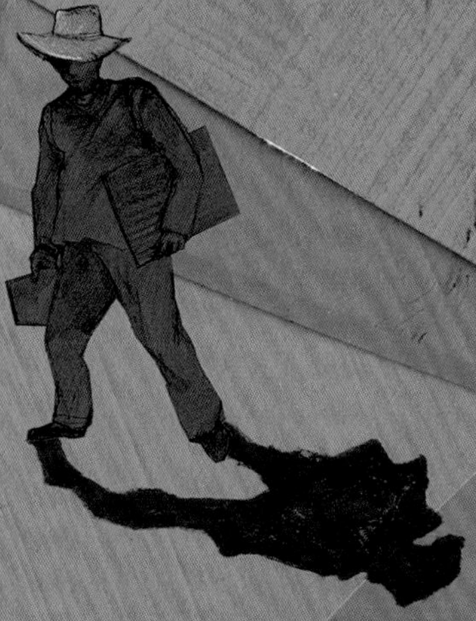

반 고흐는 특히 이 지방 특유의 진한 색감에 끌렸다. 남쪽의 밝은 햇빛과 건조하고 깨끗한 공기는 풍경을 더욱더 눈부시게 만들었다. 그는 그 광경을 자신의 그림에 담기위해 노력했다.

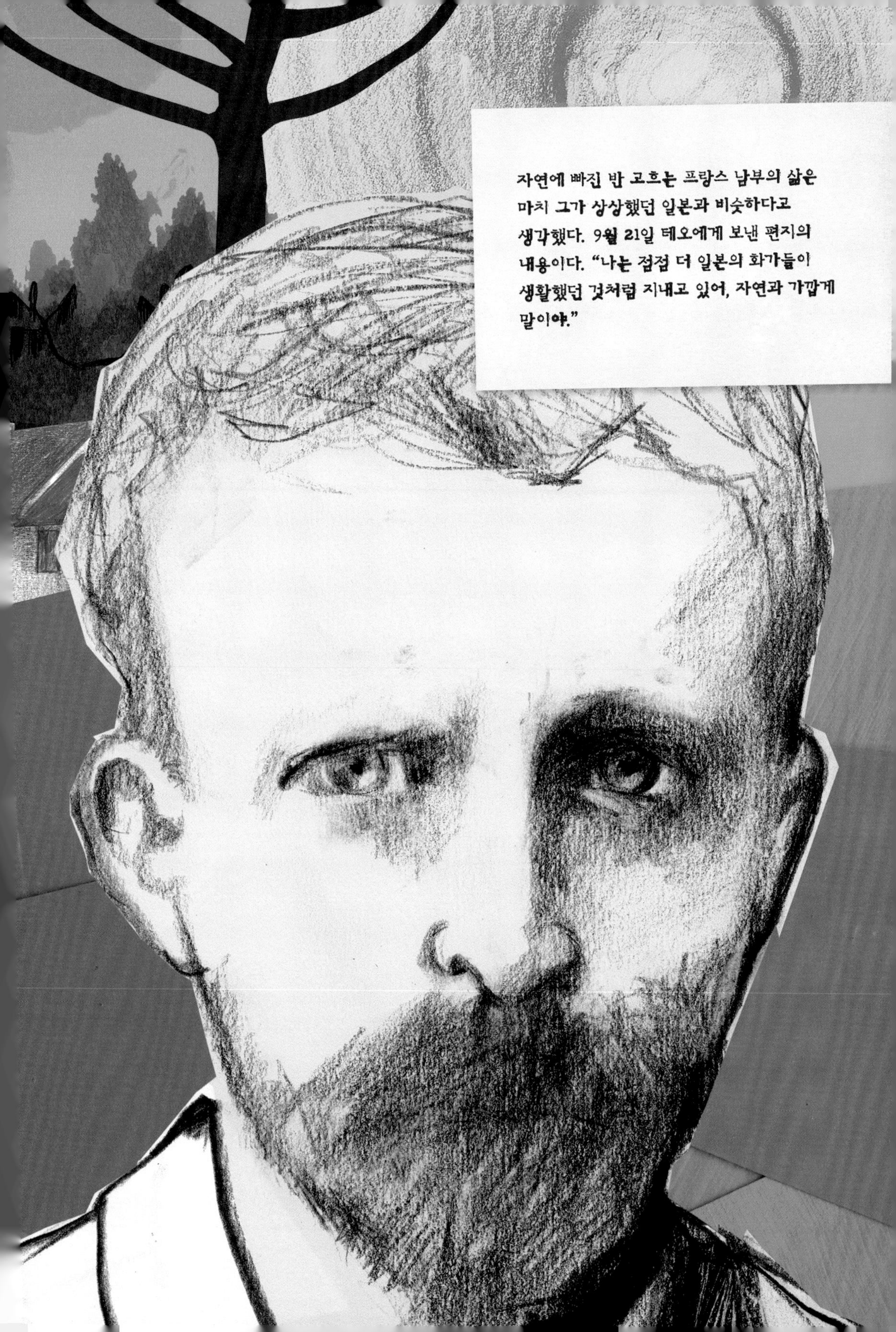
자연에 빠진 반 고흐는 프랑스 남부의 삶은 마치 그가 상상했던 일본과 비슷하다고 생각했다. 9월 21일 테오에게 보낸 편지의 내용이다. "나는 점점 더 일본의 화가들이 생활했던 것처럼 지내고 있어, 자연과 가깝게 말이야."

추수

반 고흐가 좋아하던 도보 여행길 중의 하나는 아를의 북동쪽의 비옥한 땅 라 크로La Crau부터 몽마주르Montmajour 수도원까지였다. 1888년 5월 26일, 반 고흐는 테오에게 이곳의 풍요로운 매력에 흠뻑 빠졌고 와인이 참 만족스럽다고 전했다. 7월 13일에 보낸 편지에는 이 장소의 넓게 트인 벌판은 그가 네덜란드에 있었을 때의 기억을 환기시키기 때문에 더 애착이 간다고 적혀있었다. 봄이 가고 타는 듯한 여름이 찾아왔다. 반 고흐는 점점 진한 색으로 물들어가는 자연을 보며 행복해했다. 아래는 6월 12일과 13일에 그가 테오에게 보낸 편지의 내용이다.

> "바랜 금색, 청동, 구리의 색이 여기저기서 나오고 있어. 청록의 뜨거운 하늘과 조화로운 색감이야."

〈추수The Harvest〉는 색의 배열에 세심히 신경을 써서 눈부신 남쪽의 햇빛을 떠올리게 묘사했다. 반 고흐는 그가 알고 있는 색에 관한 지식을 이용하여 효과를 극대화 시켰다. 따뜻한 금빛 색조의 숙성된 밀밭은 노란색의 교향곡 같았고 대조되는 푸른 산과 하늘이 이를 더 돋보이게 만들었다. 〈밤의 카페〉에서 쓰였던 빨간색과 초록색은 서로 마주보고 있는 보색이고 노란색과 파란색 또한 보색이었다. 하지만 이 그림에 쓰인 보색은 〈밤의 카페〉 와는 사뭇 다른 효과를 내는 듯했다. 노랑과 파랑의 보색조합은 아름다운 지방의 풍경을 잘 담아냈다.

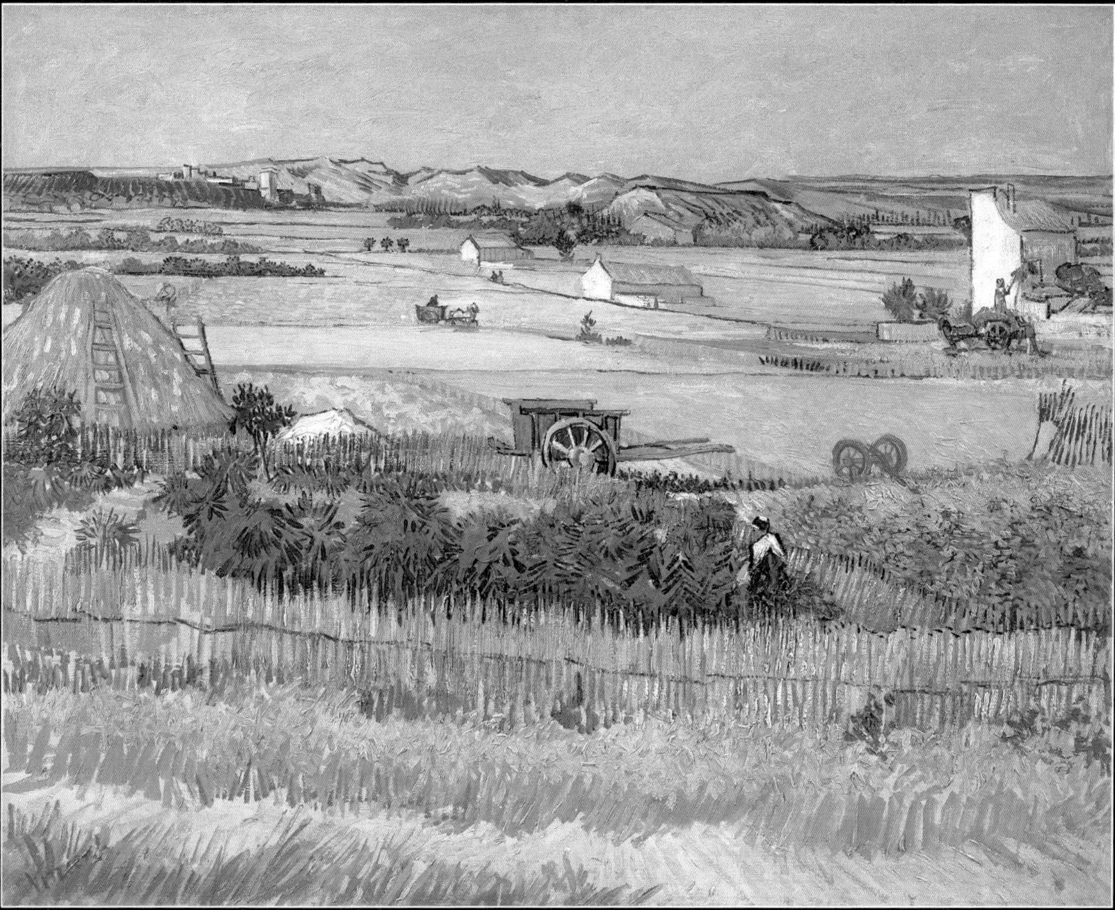

추수
The Harvest

빈센트 반 고흐, 1888

캔버스에 유채
73 × 92 cm (28¾ × 36¼ in)
반 고흐 미술관, 암스테르담(빈센트 반 고흐 재단)

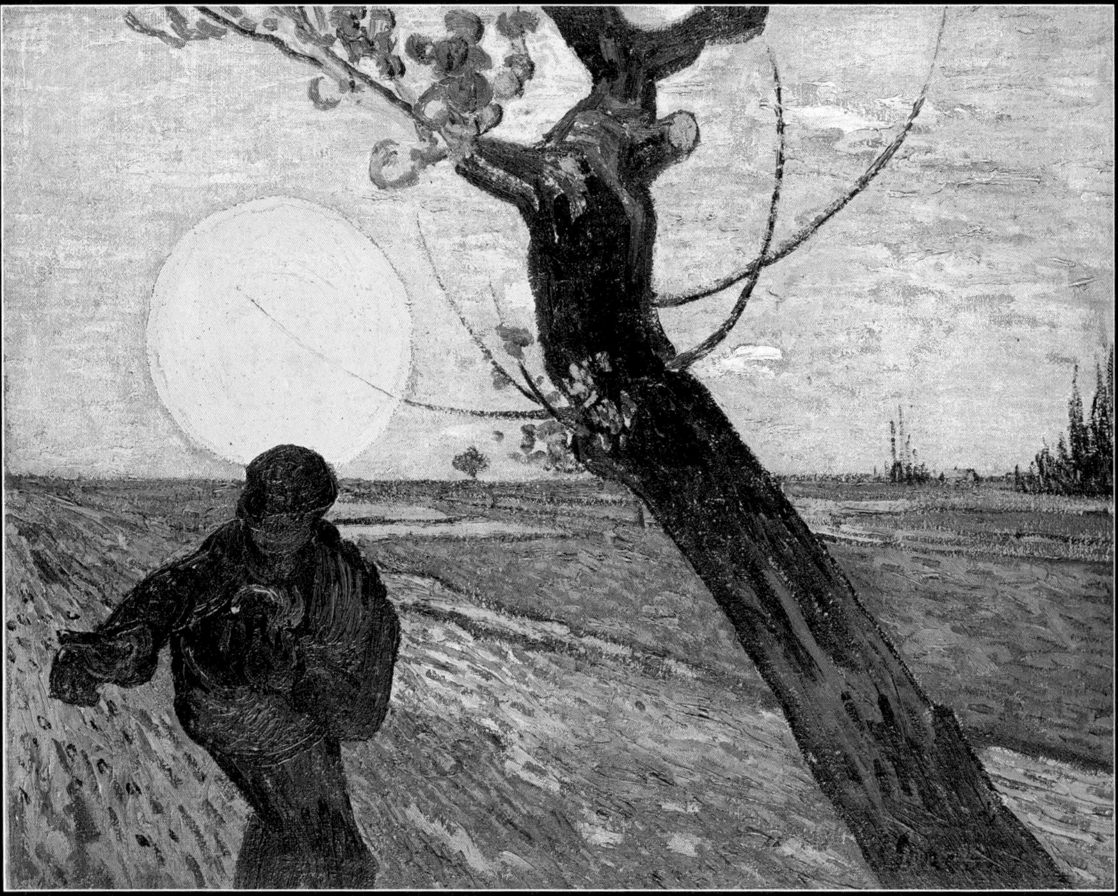

석양과 씨 뿌리는 사람,(밀레 원작)
Sower with Setting Sun

빈센트 반 고흐, 1888

캔버스에 유채
73 × 92 cm (28¾ × 36¼ in)
뷔레 컬렉션, 취리히

석양과 씨 뿌리는 사람

〈추수〉와 마찬가지로 〈석양과 씨 뿌리는 사람Sower with Setting Sun〉 또한 계절에 따른 농부들의 노동을 그린 그림이었다. 하지만 〈추수〉는 그가 직접 추수의 계절에 농부들을 보고 그린 반면 〈석양과 씨 뿌리는 사람〉은 추운 겨울이 다가와 농부들이 일을 하지 않는 11월에 그린 그림이었다. 반 고흐는 평소 보았던 농부들의 모습과 그의 상상력 그리고 다른 작가의 작품을 동원해 그림을 완성했다.
그림 가운데를 크게 가로지른 나무는 반 고흐가 파리에서 모작했던 히로시게의 〈꽃피는 매화나무〉에서 가져온 것이 분명했다. 하지만 이 그림을 그리기 위해 제일 영향을 많이 받은 화가는 바르비종파의 중심인물인 장 프랑수아 밀레Jean-Francois Millet 였다. 그는 소작농의 그림으로 유명했고 반 고흐는 그의 작품을 오랫동안 좋아했다. 반 고흐는 밀레가 기독교의 겸손함과 인간을 사랑하는 마음으로 그림들을 그렸다고 믿었다. 1888년 6월 26일, 반 고흐가 친구 베르나르에게 보낸 편지에는 "밀레는 그리스도의 교리를 그리는 사람" 이라고 전했다.
이 그림에서 반 고흐는 밀레의 유명한 〈씨 뿌리는 사람The Sower〉을 모방하였지만 의미 있는 변화를 주었다. 밀레가 땅을 밋밋한 갈색으로 칠한 반면에 반 고흐는 자연에서 느끼는 종교적인 존엄함을 표현하기 위해 선명한 색을 이용했다. 잘 쟁기질 된 밭의 보랏빛 그림자는 노란 하늘을 돋보이게 했고 나무의 붉게 강조된 부분은 땅 여기저기 칠해져 있는 초록색을 돋보이기 위함이었다. 수평선 너머로 떨어지는 레몬색의 둥근 태양은 씨 뿌리는 사람 머리 뒤에서 마치 후광처럼 빛나고 있었다. 이전의 〈감자 먹는 사람들〉에서 소작농들의 힘든 삶을 묘사했다면 이 그림은 평범한 농부의 일상과 자연의 순환 속에 하나님의 존재를 주장한 그림이었다. 반 고흐는 정신 상태가 악화 될수록 광적으로 그림을 그렸고 대자연만이 고통에서 벗어날 수 있는 유일한 출구라며 장황하게 말을 늘어놓았다. 이 그림에서도 반 고흐가 아를의 주민들에게 소외감을 느끼고 있음을 잘 알 수 있다. 살짝 불길해 보이기까지 한 어두운 윤곽의 씨 뿌리는 사람은 반 고흐가 사람들과 소통을 하지 못하고 있는 것을 표현한 듯했다.

씨 뿌리는 사람
The Sower

장 프랑수아 밀레, 1850

목판화인쇄
101.6 × 82.6 cm(40 × 32½ in)
보스턴 미술관/퀸시 아담스 쇼의 기부, 퀸시 아담스 쇼 주니어와 마리아 쇼 허튼을 통해 기부/17.1485

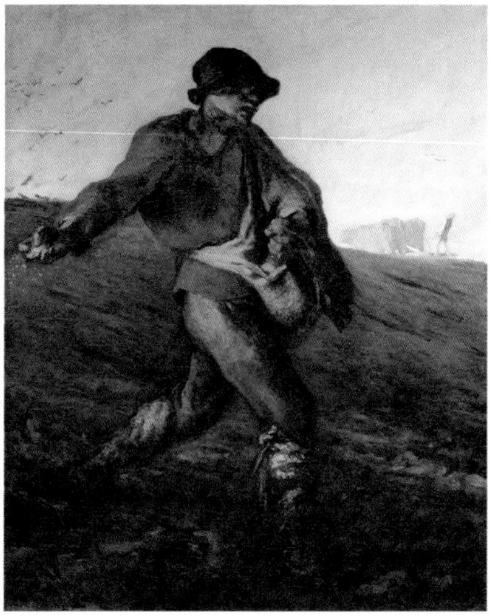

고갱의 방문

1888년 10월, 반 고흐의 설득에 고갱이 노란 집에서 함께 생활하기로 했다. 반 고흐는 고갱이 도착하기 며칠 전부터 손님방의 가구를 정돈하고 자신의 그림들을 걸어 벽을 꾸몄다. 같은 달 21일 동생 테오에게, 자신이 꿈꿔왔던 예술가의 모임이 곧 실현될 것 같다며 기대에 부푼 편지를 보냈다.

해바라기

반 고흐는 〈해바라기Sunflowers〉의 연작을 고갱과 함께 쓸 작업실에 걸어두고 고갱이 이 그림들을 보고 기뻐하길 바랐다. 반 고흐의 기쁨을 상징하는 노란색이 파란 배경과 대조되어 선명하게 돋보였다. 8월 21일, 테오에게 보낸 편지에는 〈해바라기〉의 간결한 디자인과 짙은 윤곽선을 고딕양식으로 지어진 교회 안의 스테인드글라스와 비교하여 설명했다. 이는 마치 이름 모를 장인들이 중세의 건물을 열심히 지은 것처럼 고갱과 사이좋게 그림을 그릴 수 있길 바라는 마음에서 나온 듯했다.
고갱이 도착한 뒤 반 고흐의 꿈은 현실이 되어가는 듯했다. 둘은 서로에게 좋은 영향을 주었다. 작업실에선 나란히 앉아 서로의 그림에 대해 뜨겁게 토론하였다.

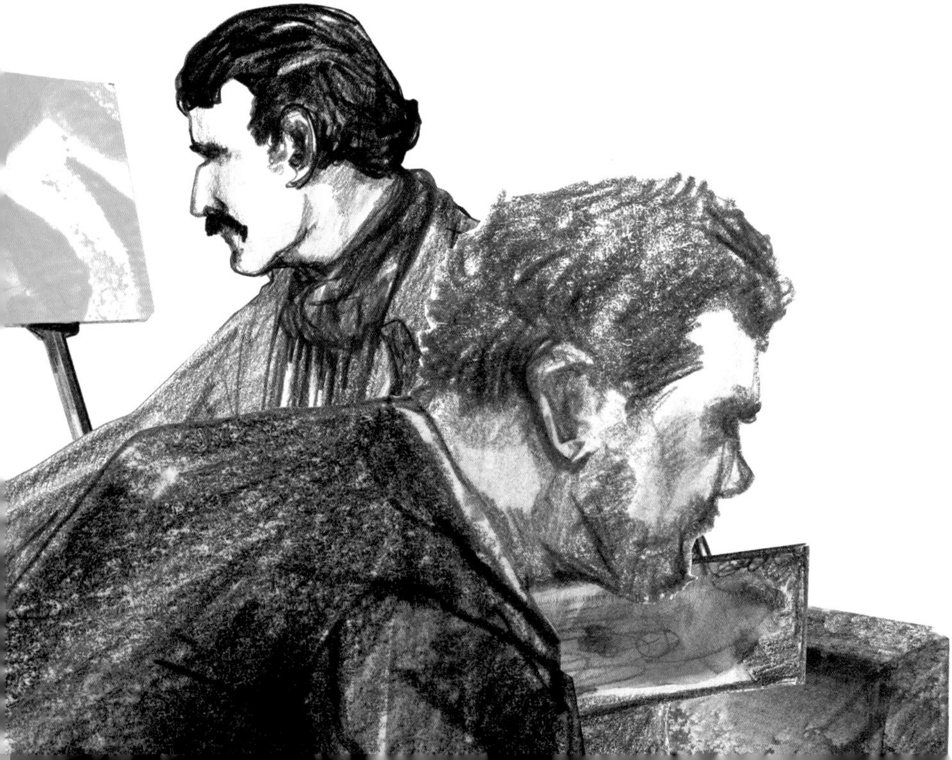

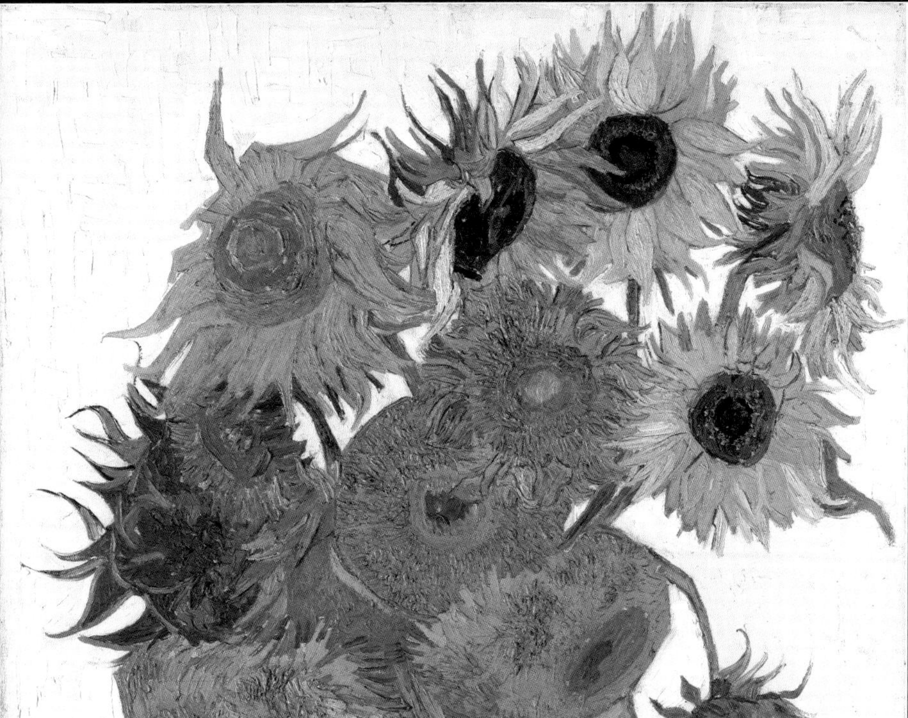

해바라기

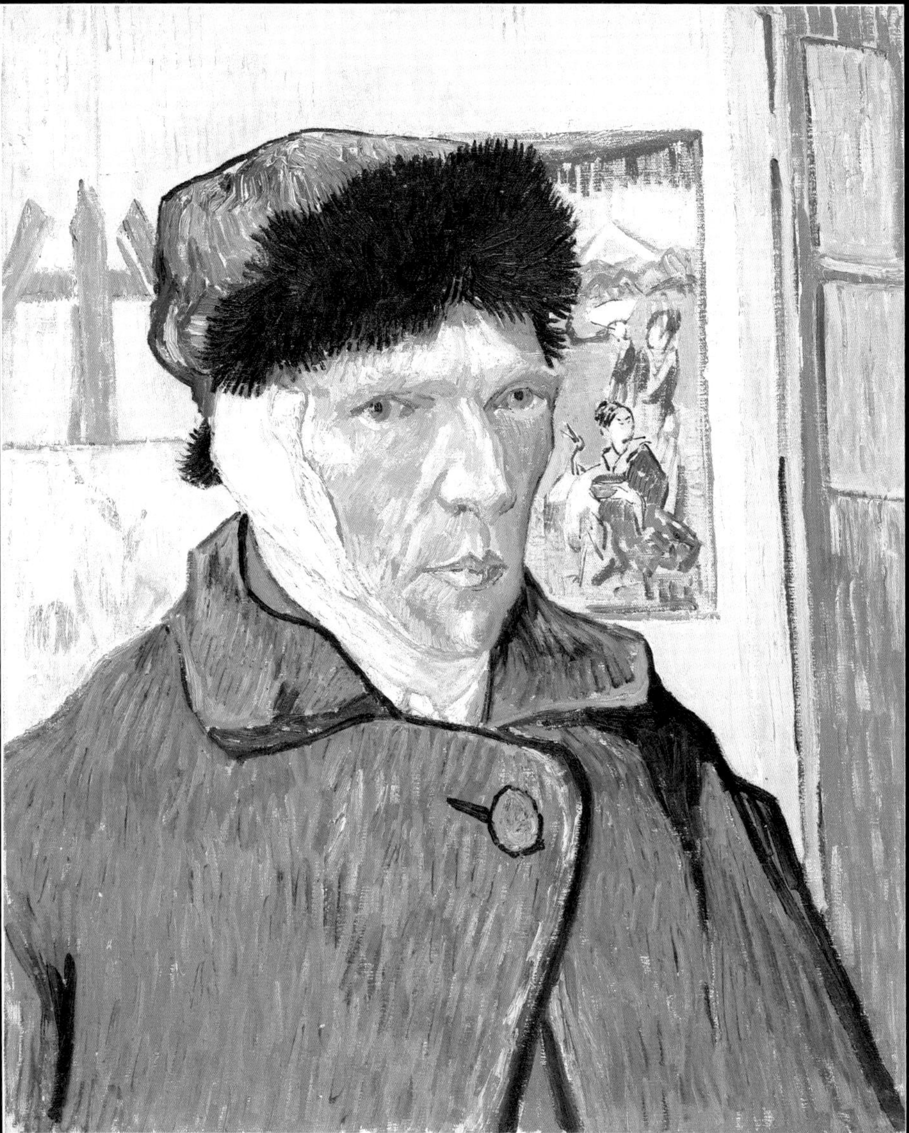

위기

반 고흐가 6개월간의 고독을 벗어나 동료가 생긴 것을 기뻐하던 것도 잠시, 둘 사이에는 빠르게 갈등이 생겨났다. 둘은 종종 그림을 그리는 방식에 대해 논쟁을 하였는데, 반 고흐는 자연을 소재로 그리는 반면 고갱은 기억을 소재로 그리길 선호했다. 고갱이 조금이라도 자신의 그림을 비판하면 반 고흐는 깊은 상심에 빠졌고, 그 그림은 아무 가치가 없다고 생각했다. 반 고흐는 고갱이 여성주민들에게 인기가 많았던 점에도 화가 났었다.

한편으로 고갱은 거듭되는 반 고흐의 불안정한 정신 상태에 매우 실망하여 아를에 온지 몇 주 되지 않아 다시 파리로 돌아가기로 마음을 먹었다. 다시금 외톨이가 될 거란 생각에 반 고흐는 자포자기한 심정으로 긴 면도칼을 고갱에게 들이댔다. 고갱은 그날 밤 노란 집으로 돌아가지 않고 아를의 한 호텔에서 묵었다. 고갱이 없는 노란 집에서 반 고흐는 괴로워하며 자신의 한쪽 귀를 면도칼로 잘라내고 출혈로 인해 죽음의 문턱까지 가게 된다. 다음날 발견된 반 고흐는 병원으로 옮겨졌고, 고갱은 그런 반 고흐의 문병도 가지 않은 채 파리로 돌아간다.

1889년 새해, 다시 혼자가 된 반 고흐는 자신의 위기의 여파를 자화상으로 담아냈다. 상한 귀는 붕대로 칭칭 감겨있고 그는 우울한 생각에 잠겨있는 것 같다. 하지만 한편으로 무언가 엄숙히 결정을 내린 듯한 표정이기도 했다. 이 자화상은 그가 어떠한 고난이 있어도 그림을 그리겠다는 단호한 의지를 보여주었다. 그의 뒤로는 준비된 빈 캔버스와 그가 좋아하는 일본 판화가 보인다.

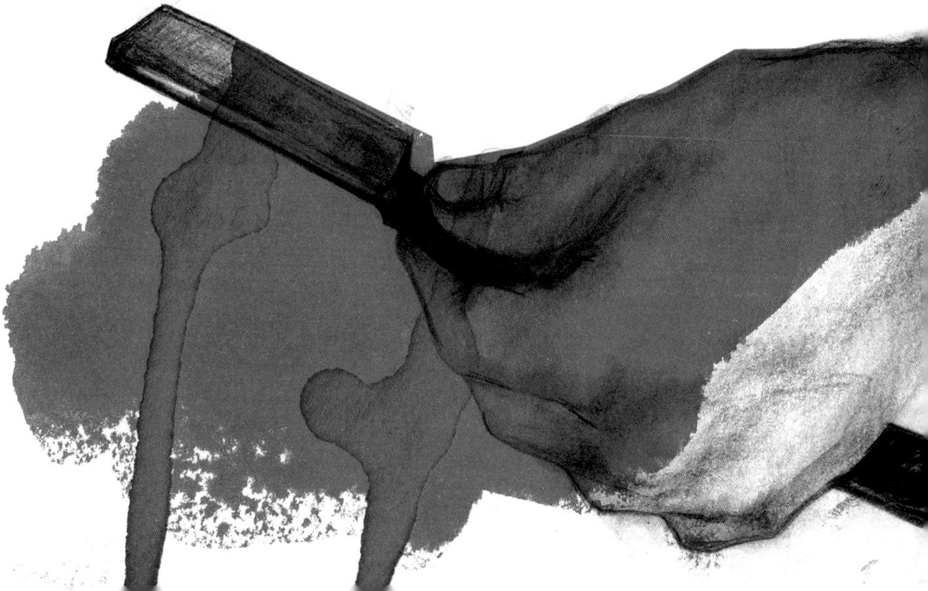

생레미의 정신병원

반 고흐는 계속해서 그림을 그리고 싶었지만 정신적으로 안정을 찾지 못하여 힘들어했다. 1889년이 시작되고 몇 달 동안은 병원과 노란 집을 왕복하며 지냈다. 3월, 그의 오랜 친구인 시냐크가 방문했을 때, 반 고흐는 테레빈유물감을 희석하는 데 쓰는 액체 한 통을 다 마시려고 했다. 반 고흐의 이상한 행동을 두려워한 마을 주민들은 그를 정신병원에 보내달라며 경찰서장에게 탄원서를 제출했다. 반 고흐는 아를에 있는 정신병원에 갇혔다가 5월에는 북동쪽으로 24km정도 떨어진 생레미Saint-Rémi라는 작은 마을에 있는 정신병원에 자발적으로 입원했다. 담당병원은 그가 남에게 해를 끼치지 않는다고 판단했고 반 고흐는 언제든지 그가 원하면 퇴원할 수 있었다. 하지만 그는 그의 마음이 치유되길 바라며 그 다음 해까지 병원에서 지냈다.

생레미에서 반 고흐는 의사 테오필 페이용Théophile Peyron을 만났고, 그가 자신을 잘 치료해 줄 것이라고 긍정적으로 생각했다. 하지만 계속되는 우울 증세에 그는 점점 실의에 빠졌다. 1889년 말, 반 고흐는 페인트를 먹어 또 한 번 자살을 기도했다.

정기적으로 돌아오는 그의 불안정한 기간에는 밀실공포증에 걸릴 것 같은 방에 갇혀 지내며 밖으로 나가지 못했다.

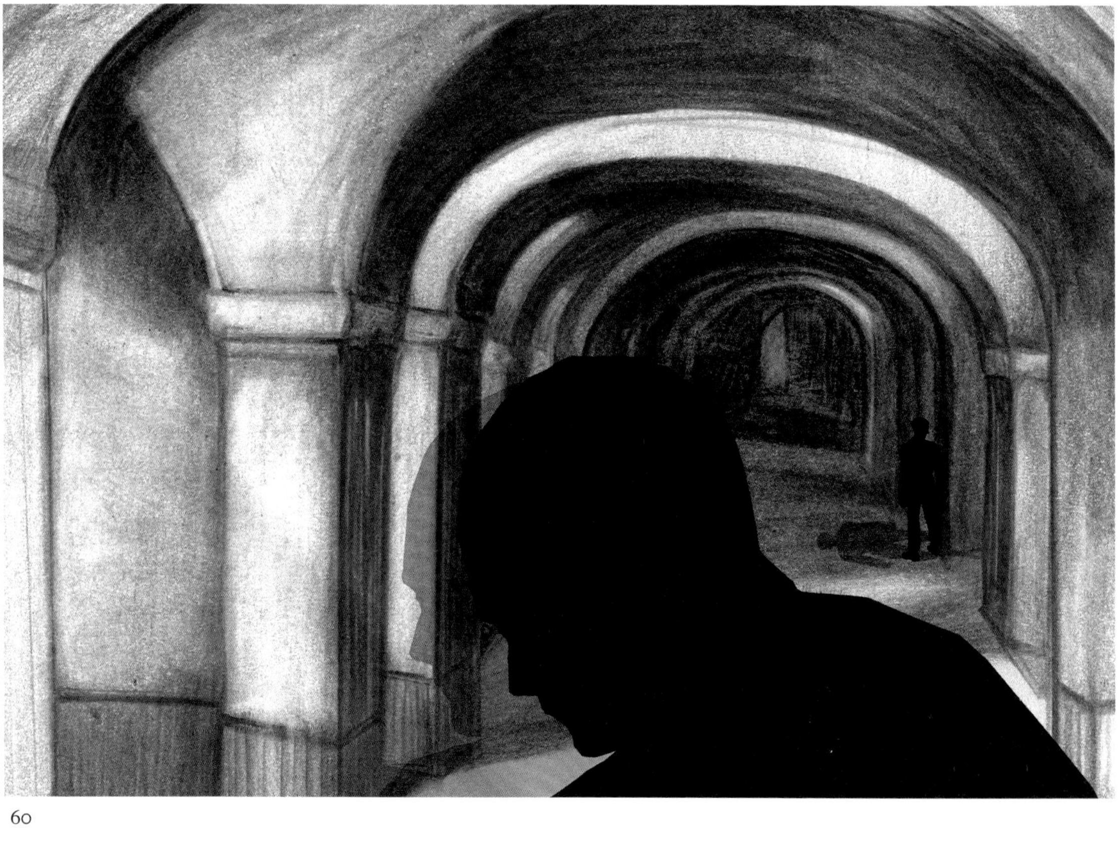

안정기

반 고흐는 불안정한 상태였다가 종종 제정신으로 돌아올 때가 있었는데, 그때마다 그는 그림을 그리고 싶어 했다. 테오는 정신병원의 두 개의 방을 빌려 하나는 반 고흐의 침실로 하나는 재료들을 안전하게 관리하는 조건하에 작업실로 사용할 수 있도록 부탁했다. 페이용 의사는 반 고흐의 활동을 기뻐하며 감시관을 붙여 그림을 그릴 수 있도록 했다. 그는 그림을 그리는 것이 반 고흐의 회복에 도움을 줄 수 있을 거라 생각했다.

반 고흐는 병원 밖으로 자유롭게 나갈 수가 없어 다른 화가의 그림들을 회상하며 그림을 그렸다. 그는 밀레의 작품을 재해석한 그림의 연작을 만들고 귀스타브 도레 Gustave Doré의 〈죄수들이 운동하는 모습〉을 보고 으스스한 그림을 그리기도 했다.

반 고흐는 병원에 갇힌 자신을 높고 깜깜한 벽에 포위되어 끝없이 길을 걸어야 하는 저주받은 사람이라 정의했다.

그의 정신상태의 안정이 지속되면 감시하는 사람과 함께 병원 밖을 산책할 수 있었다. 반 고흐는 아를과 마찬가지로 생생한 색을 갖고 있는 이곳의 풍경에 넋을 놓았다. 그는 특히 병원을 둘러싸고 있는 올리브 숲을 좋아했고, 산책을 할 때 구불구불 휘어진 나이 든 나무를 간단히 스케치하기도 했다. 작업실로 돌아와서 그는 반짝이는 초록색의 나뭇잎들과 시골의 깨끗하고 파란 하늘의 그림을 그렸다. 반 고흐는 역동적인 붓질로 질긴 생명력을 가진 나무들을 희망의 상징으로 묘사했다. 미스트랄로 인해 닳고 뜨거운 남부의 열기를 견디며 끈질기게 생명을 유지하고 있는 나무들을 반 고흐는 자신의 인생과 겹쳐보았다.

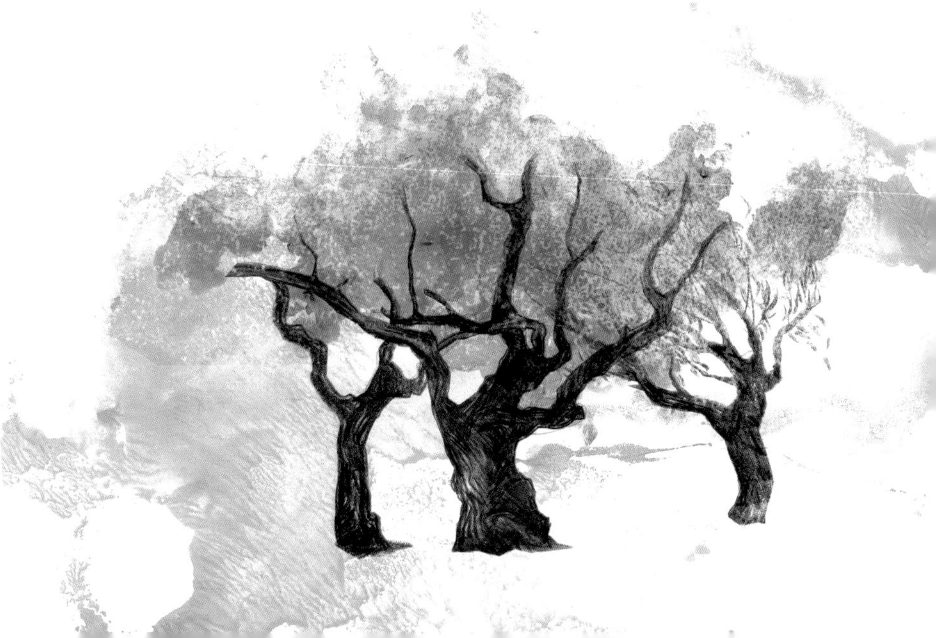

반 고흐의 병실에서 창문을 내다보면 넓은 들판과 야트막한 알필Alpilles언덕이 보였다. 그는 생레미에서 머물 동안 계절에 따라 변하는 창문의 풍경을 캔버스에 담았다. 다른 곡식들과 달리 뜨거운 여름의 온기에 빠르게 자란 어린 밀이 들판 가득 고개를 내밀어 캔버스가 노란색으로 뒤덮인 그림이 있었다. 한 해가 끝나갈 무렵의 풍경을 그린 그림도 있었다. 11월 3일, 그가 테오에게 보낸 편지에는 그가 최근에 '비가 오는 효과'에 대해서 연구하고 있다고 했다. 풍경뿐만 아니라 날씨 또한 그의 그림의 주제가 되었다. 반 고흐는 보이는 장면을 그대로 그리고 싶어 했다. 빗방울이 지나가는 풍경에 따라 밝거나 어둡게 보인다는 점을 인식하고 긴 선 모양으로 땅 위는 하얀색, 하늘 위로는 검은색 빗줄기를 그려냈다. 그는 구속된 감정을 표현하기 위해 들판 주위로 둘러쳐진 울타리를 실제보다 더 크게 왜곡하여 그렸다. 들판 끝 쪽에 있는 울타리는 기울게 그려 그림으로 하여금 자신의 불안정한 정신 상태를 나타내려 했다. 하지만 이는 결코 미친 사람이 그린 그림이 아니었다. 반 고흐가 누누이 주장하는 것처럼 그는 오직 정신이 또렷할 때만 그림을 그렸다. 그는 사람들이 그의 그림을 어떻게 인지하는 지에 대해서 항상 심사숙고를 했다. 반 고흐가 그의 작품을 파리에 있는 테오에게 보낼 때는 항상 그림에 대한 정확한 설명과 만약 전시하게 된다면 어떻게 걸어 놓아야 하는지까지 자세히 쓰여 있는 편지를 동봉했다.

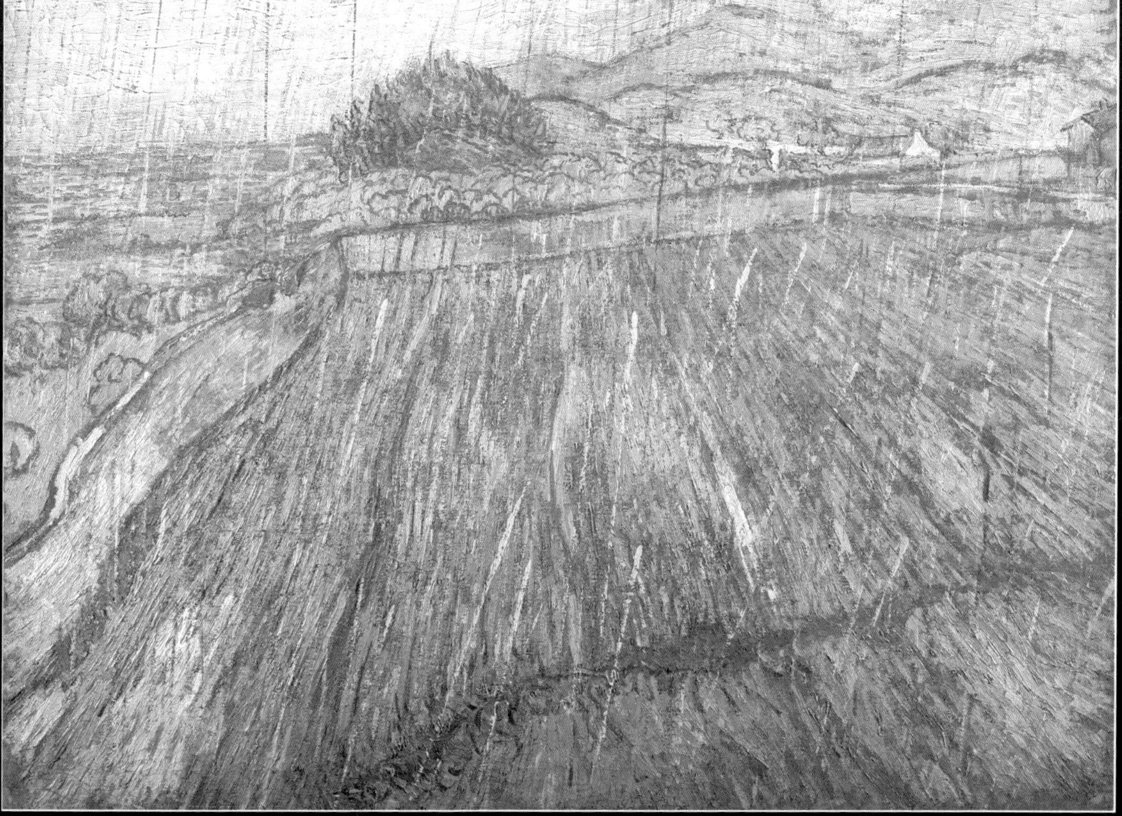

비

Rain

빈센트 반 고흐, 1889

캔버스에 유채
73.3 × 92.4 cm (28⅞ × 36⅜ in)
헨리 메킬레니 소장품, 1986, 1986-26-36

별이 빛나는 밤

이 그림은 아마도 반 고흐가 병동에서 그린 그림 중에 가장 유명한 그림일 것이다. 〈별이 빛나는 밤The Starry Night〉은 그가 새벽에 본 광경에 감명 받아 그린 그림이다. 1889년 5월 31일에서 6월 6일 사이에 썼을 테오에게 보내는 편지에 그는 이렇게 설명했다.

"해가 뜨기 한참 전에 창문으로 밖을 보았어. 그곳엔 아주 큰 샛별밖에 보이지 않더구나. 샤를-프랑수아 도비니Charles-Francois Daubigny와 테오도르 루소Theodore Rousseau (밀레와 같은 바르비종파 화가들)가 별이 주는 친밀감과 큰 평온함, 그리고 장엄함을 사적이고 슬프게 그려낸 것처럼 말이야. 나는 그런 감정이 싫지 않아."

반 고흐는 자신의 감정을 〈별이 빛나는 밤〉에 쏟아냈다. 밝게 빛나는 샛별과 하늘의 다른 천체들은 마치 우주의 에너지를 받아 소용돌이치는 것처럼 그려졌다. 사이프러스 나무도 하늘의 흐름에 맞춰 역동적으로 일렁였다. 반 고흐는 오래전부터 이런 방식으로 야경을 그리고 싶어 했다. 아래는 그가 작년 4월 12일, 아직 아를에 있을 때 에밀 베르나르에게 쓴 편지이다.

"상상력은 꼭 개발해야하는 영역인 것 같아. 그저 한번 실물(그 실물은 마치 빛같이 바뀌고 지나가버리지)을 쳐다보는 것보다 더 괜찮고 만족할만한 풍경을 그릴 수 있어. 예를 들어 별빛 하늘, 한번 꼭 그려보고 싶어."

〈별이 빛나는 밤〉은 반 고흐가 직접 본 밤하늘에서 영감을 받았지만 실제로는 그의 상상이 많이 들어간 그림이다. 그는 새벽의 샛별이 준 느낌과 기억을 되새기면서 낮에 이 그림을 그렸다. 그는 더 예전의 기억 또한 그림에 집어넣었다. 수평선 상의 알필 언덕 앞에는 그의 고향 네덜란드를 생각하며 그린 작은 마을과 큰 교회 첨탑이 있었다. 1888년 7월 17일부터 20일까지, 반 고흐는 어릴 적을 회상한 내용의 편지를 테오에게 보낸다.

"별다른 의미 없이, 네덜란드를 자주 생각해. 가족들과 정신적으로 물리적으로 거리가 생겼고 이렇게 시간이 지났어. 돌이켜보면 너무나 미안한 마음뿐이야."

별빛 하늘이 지붕처럼 마을을 덮고 있고 우뚝 서있는 교회의 첨탑은 반 고흐가 굳게 믿는 '종교가 사람들을 하나로 만든다' 는 것을 표현했다. 집안에서는 가족들이 옹기종기 불빛 아래 모여 앉았고 집집마다 창문으로 따스한 빛이 새어나왔다. 이는 반 고흐가 원했던 가족의 모습이었다.

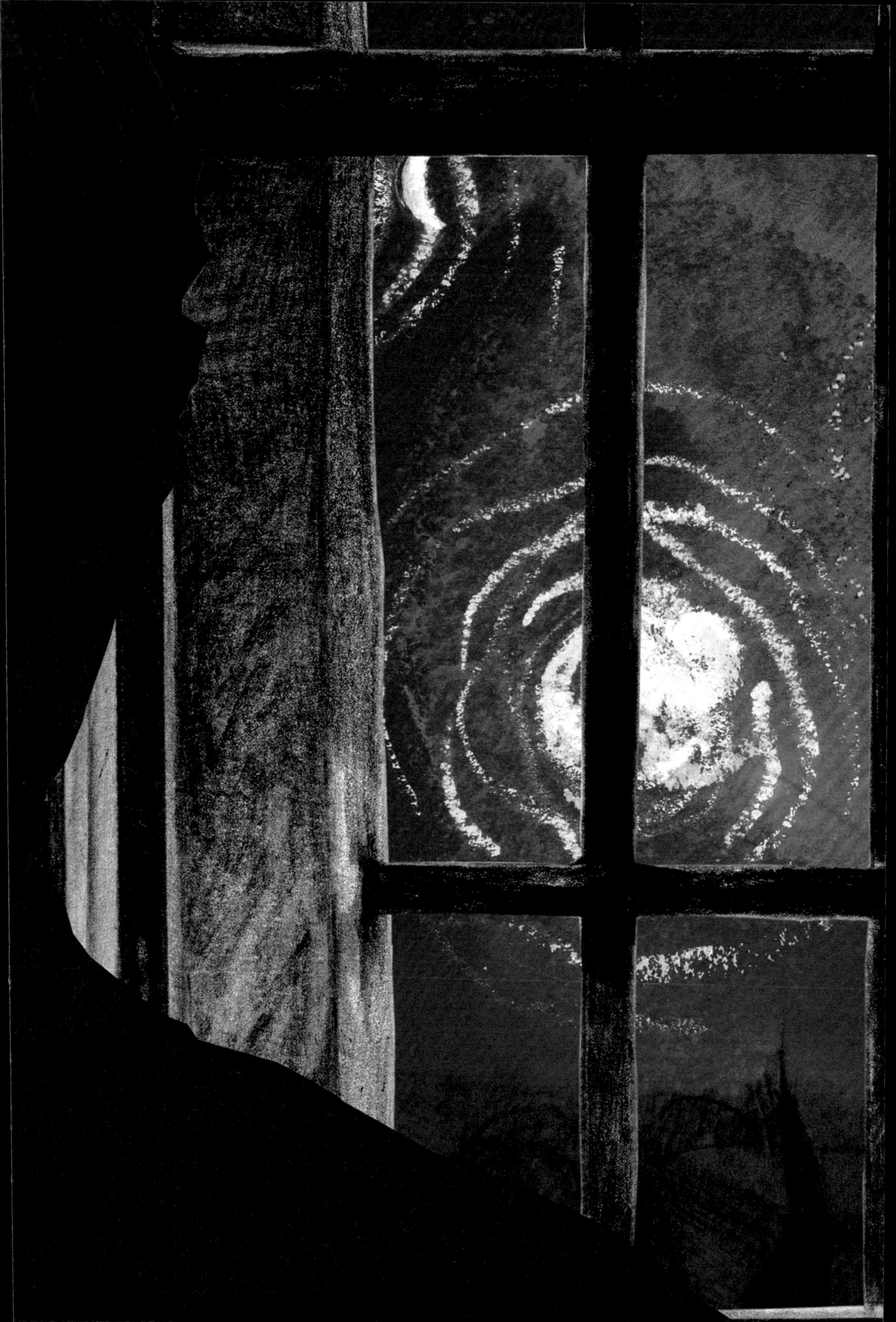

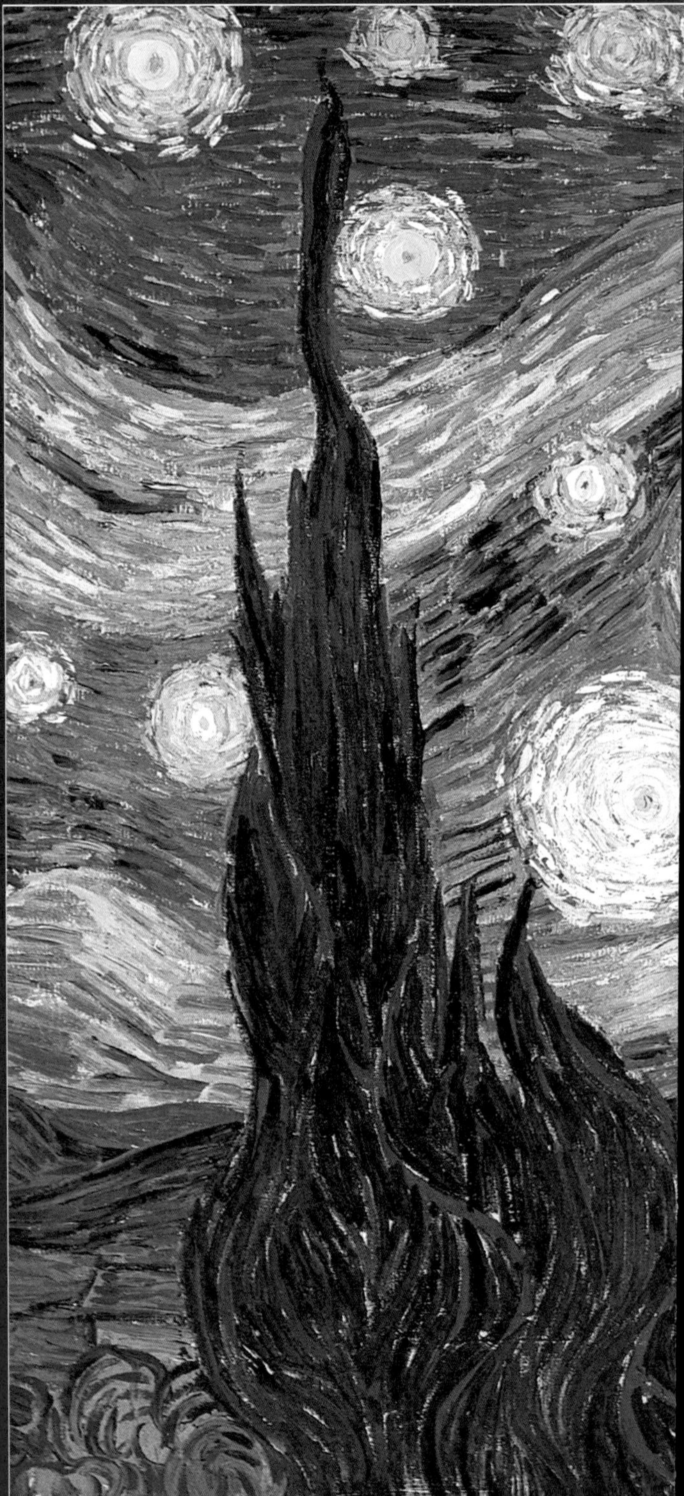

별이 빛나는 밤

The Starry Night

빈센트 반 고흐, 1889

캔버스에 유채
73.7 × 92.1 cm (29 × 36¼ in)
뉴욕 현대 미술관, 릴리 P. 블리스 유언으로 소장, 472.1941

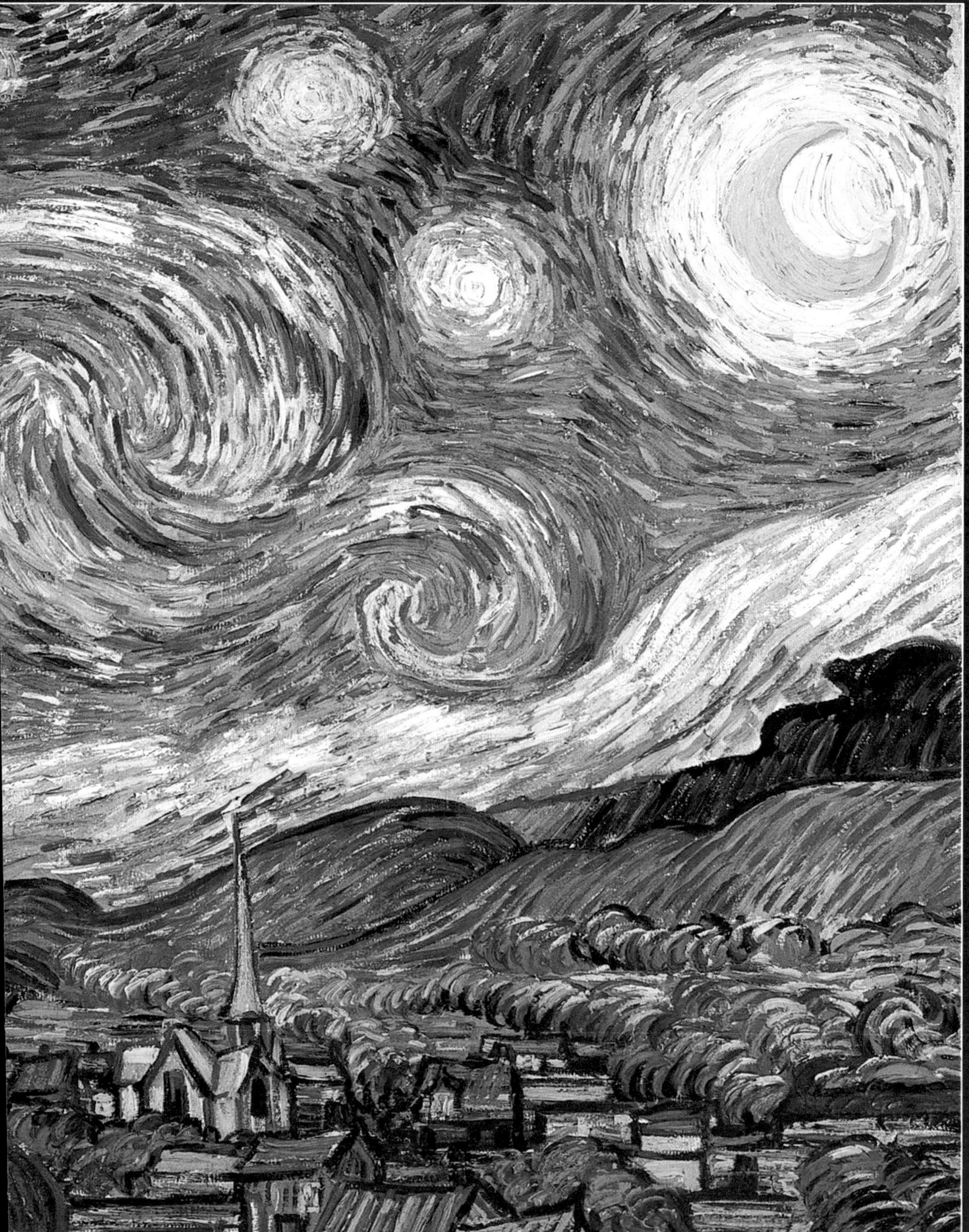

다시 북쪽으로

1890년 봄, 생레미에서 일 년을 보냈지만 반 고흐의 정신 상태는 좋아질 기미가 보이지 않았다. 그는 제일 고통스러운 고비를 넘긴 지 얼마 안 됐고, 무슨 이유인지 머릿속에는 북쪽에서 생활했던 추억들이 계속해서 떠올랐다. 그가 꿈꿔왔던 프로방스의 예술 공동체는 점점 현실과 멀어지는 듯했다. 그는 10년도 더 전에 그린 네덜란드의 소작농들과 초막의 연작을 시간을 투자해 다시 그렸다. 1890년 5월, 그는 계속되는 향수를 이겨내지 못하고 파리로 가는 열차에 몸을 실었다. 페이용 의사는 최종 소견서에 '완치'라고 적었지만, 이는 누가 봐도 그저 골칫덩어리를 손에서 씻어내려 하는 것이었다. 페이용은 반 고흐의 정신상태가 정상과는 멀다는 것을 알고 있었다.

반 고흐와 테오는 파리에서 다시 만나게 되어 뛸 듯이 기뻐했다. 테오는 이미 결혼을 해서 아들 빈센트 빌렘Vincent Willem의 자랑스러운 아버지가 되어있었다. 테오의 아내 요한나Jo는 테오가 자신의 아들을 형의 이름을 따라서 지었다고 말하고는 두 형제가 기쁨의 눈물을 흘린 모습을 생생하게 기억했다. 요한나와 테오는 반 고흐의 정신 상태를 매우 걱정했다.

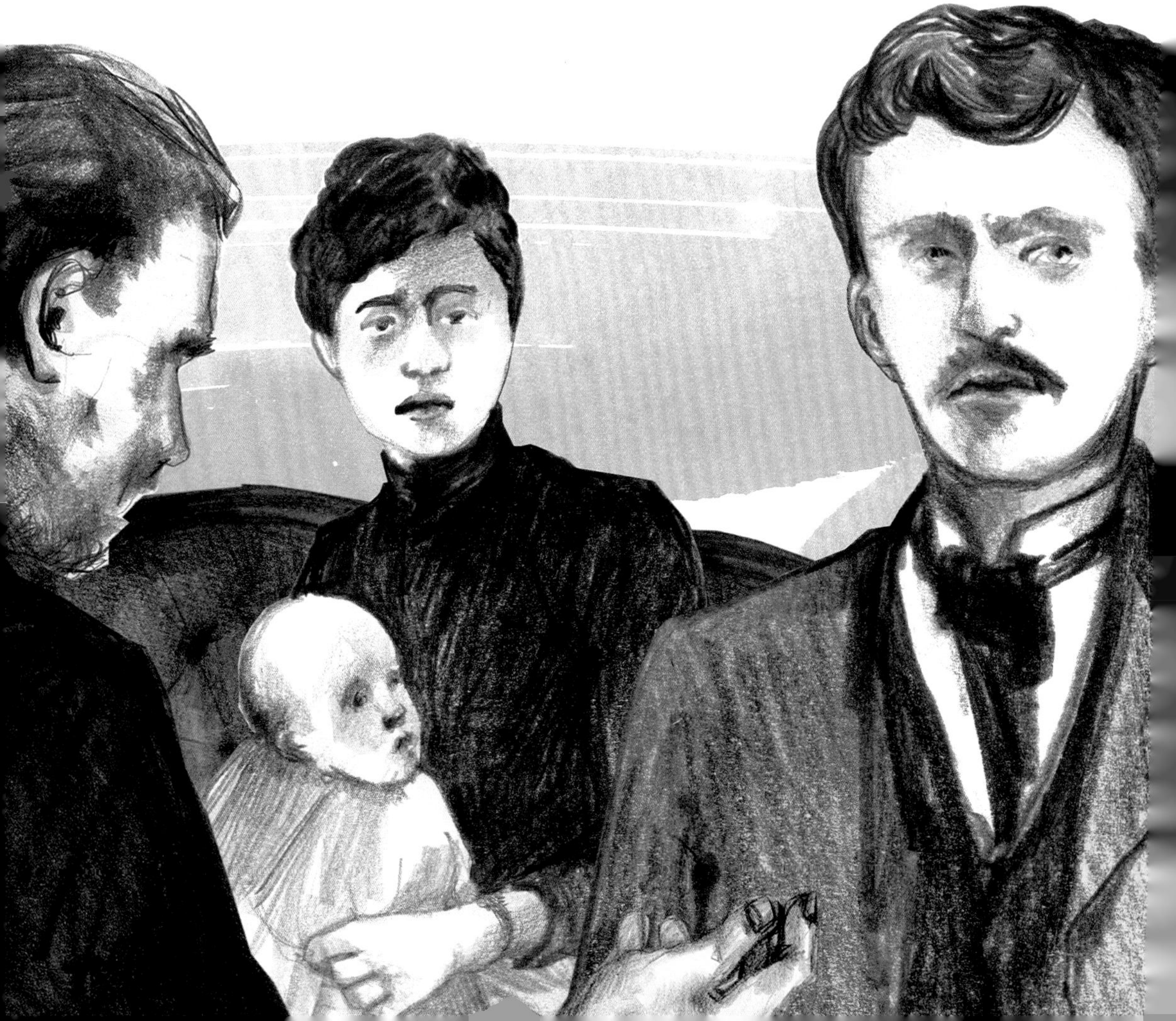

오베르 쉬르 우아즈

두 형제는 파리에서 3일간 반가운 재회를 했다. 그리고 반 고흐는 테오가 마련해준 거처와 폴 가셰Paul Gachet 박사의 보살핌 아래에서 그림을 그릴 오베르 쉬르 우아즈 Auvers sur Oise 로 향했다. 가셰는 다른 화가들과 교류도 있었고 스스로도 초보화가라고 칭했다. 테오는 그런 가셰가 페이용의사보다는 반 고흐를 잘 이해해주고 도와줄 수 있기를 빌었다.

반 고흐는 오베르가 많은 예술가들과 연결이 되어 있는 것을 잘 알고 있었다. 도비니는 1861년에 이곳에 자리를 잡았고, 피사로Pissarro, 세잔Cezanne, 그리고 고갱도 퐁투아즈 Pontoise근처에서 생활했었다. 1890년 5월 20일, 파리에서 오베르까지는 기차로 금방이었다. 역에 내린 반 고흐는 도비니가 살았던 집을 지나 가셰의 진료소로 향했다. 이 짧은 여정은 그의 생애에 마지막 여정이라고도 할 수 있었다. 짧은 기간이었지만 그는 오베르에서도 후에 널리 알려질 작품들을 탄생시켰다.

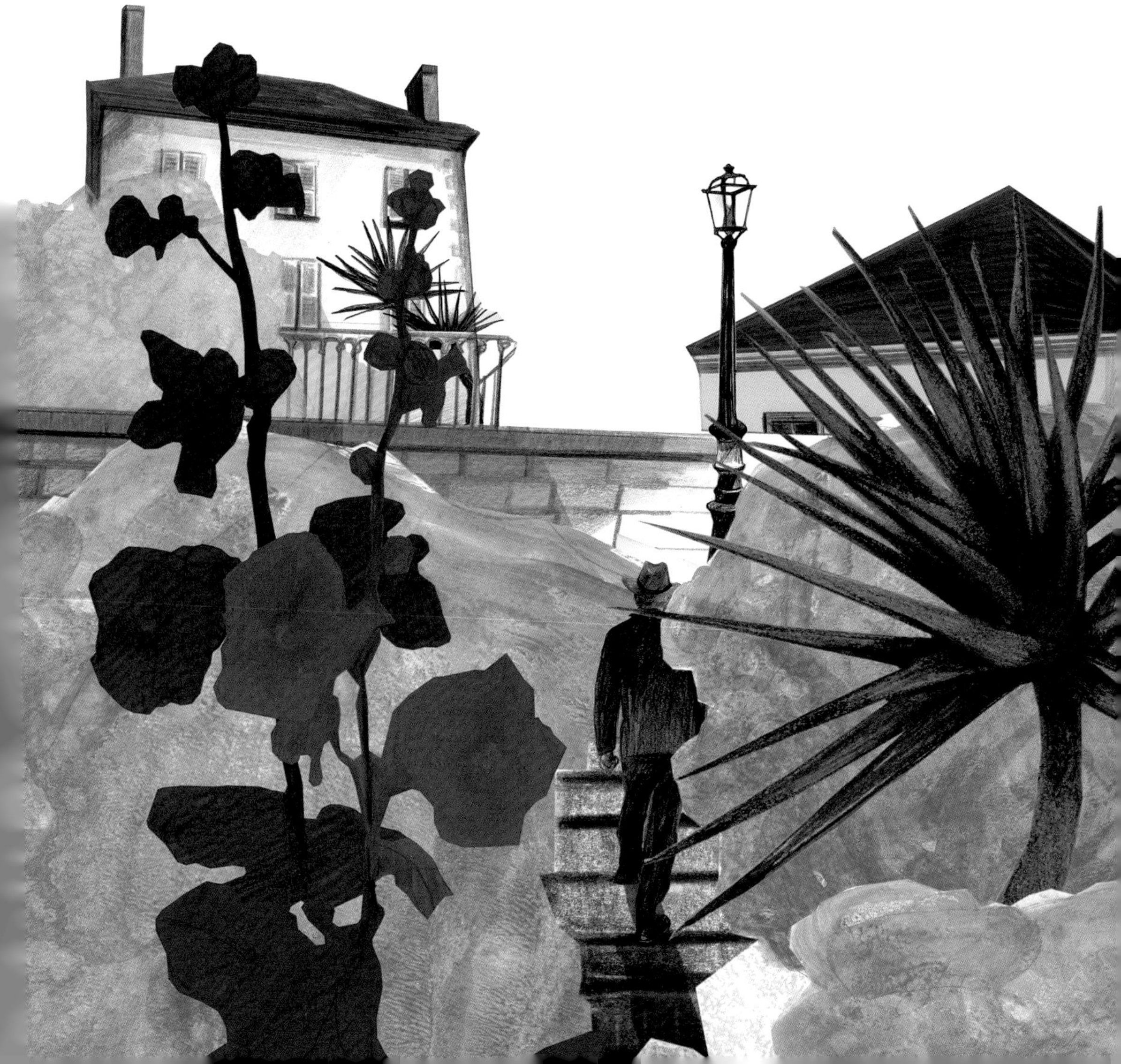

가셰 박사의 초상

반 고흐는 빨간 머리의 가셰를 만나자마자 깊은 연대감을 느꼈다. 1890년 6월 5일, 반 고흐가 여동생 윌레미나에게 보낸 편지에는 "원래 알고 있었던 친구같이 마치 형제처럼 가셰 박사와 나는 정서적으로도 도덕적으로도 잘 맞아." 라고 쓰여 있다. 가셰는 걱정이 많고 특이한 사람이었다. 며칠이 되지 않아 반 고흐는 가셰가 자신과 비슷할 정도의 약한 정신상태를 가지고 있는 것을 알게 되었고, 의사로서 자신을 돕지 못할 것이라고 생각했다. 반 고흐는 5월24일 바로 테오와 요한나에게 편지를 부친다. "가셰는 의사로서 자질이 없어. 어쩌면 나보다 더 아픈 사람일 수도 있어. 한 눈이 먼 사람이 두 눈이 다 먼 사람을 이끌고 길을 나섰다가는 둘 다 하수구에 빠져버릴 거야." 반 고흐는 가셰를 초록빛이 감도는 얼굴로 칠하고 주위를 빙빙 감싸는 청록색 파선으로 우울함을 묘사했다. 책상 위에는 공쿠르Goncourt 형제의 유명한 소설이 놓여있었다. 하나는 제르미니 라세르퇴의 신경쇠약neurosis in Germinie Lacerteux에 관한 내용이었고 또 하나는 마네트 살로몽Manette Salomon 으로 파리 예술계에 관한 내용이었다. 이 두 권은 가셰의 최대 관심사를 나타냈다. 이 초상화는 가셰의 외관적인 모습보다는 그가 누구인지를 나타내는 그림이었다. "나는 우리 둘을 닮게 그리려고 하지 않았지만 그에게서 풍겨지는 분위기는 나와 너무나 비슷했어." 반 고흐가 윌레미나에게 보낸 편지에 쓴 말이다.

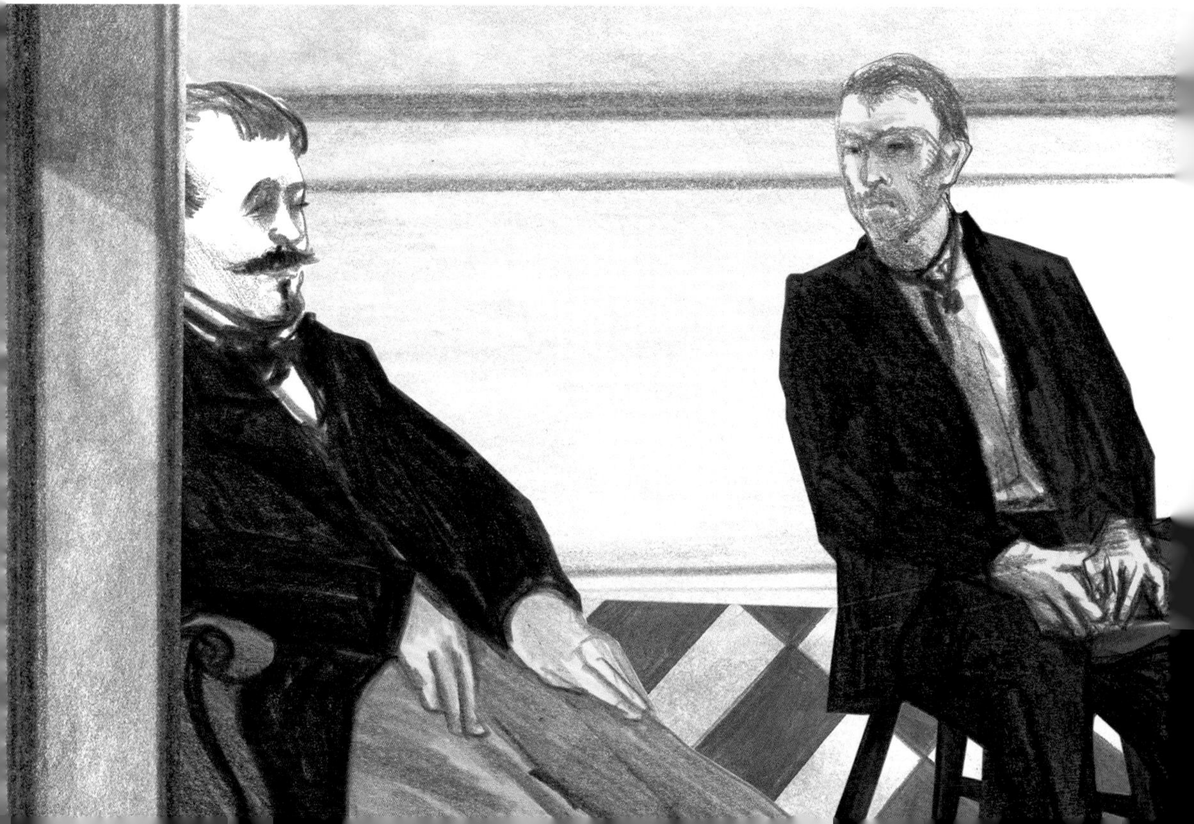

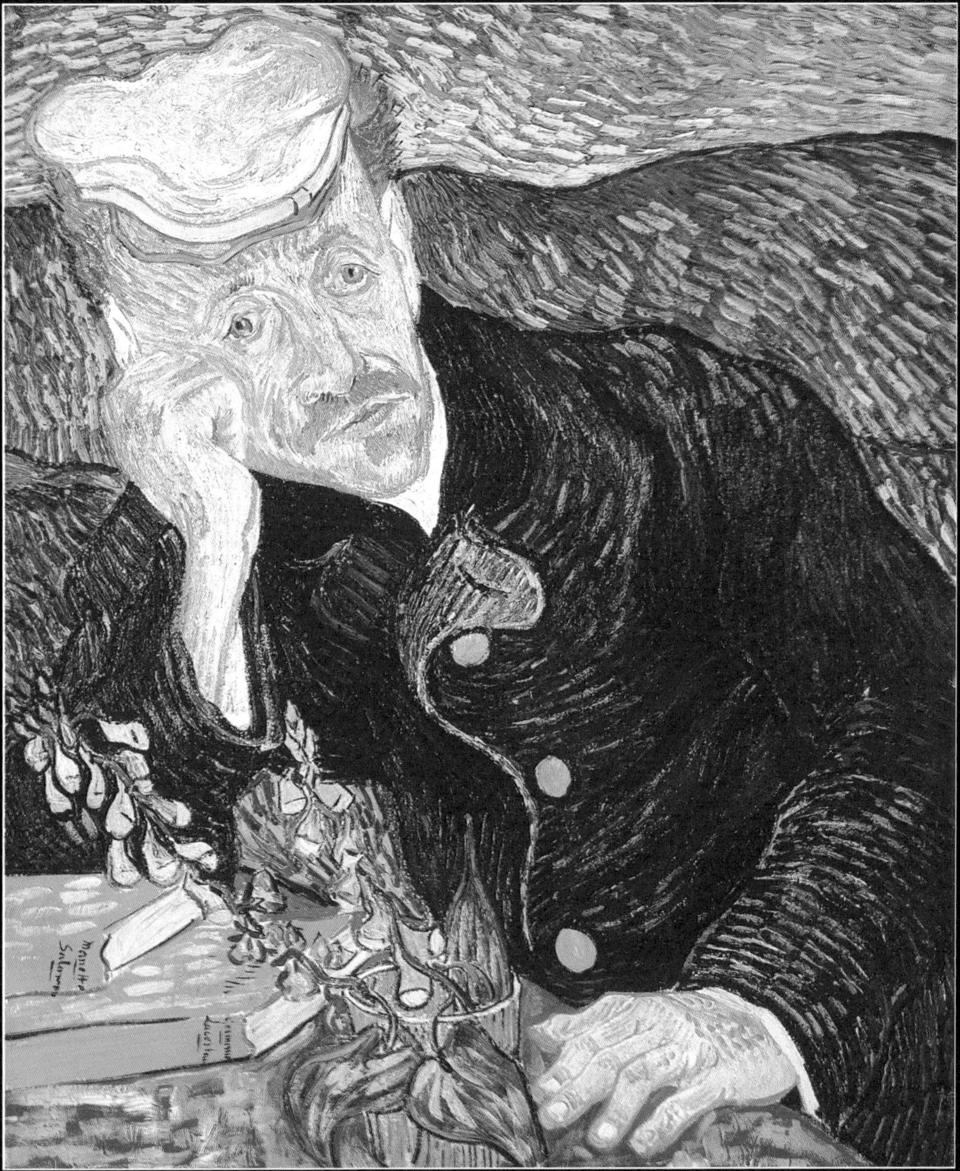

가셰 박사의 초상
Portrait of Dr Gachet

빈센트 반 고흐, 1890

캔버스에 유채
68 × 57 cm (26¾ × 22½ in)
개인소장

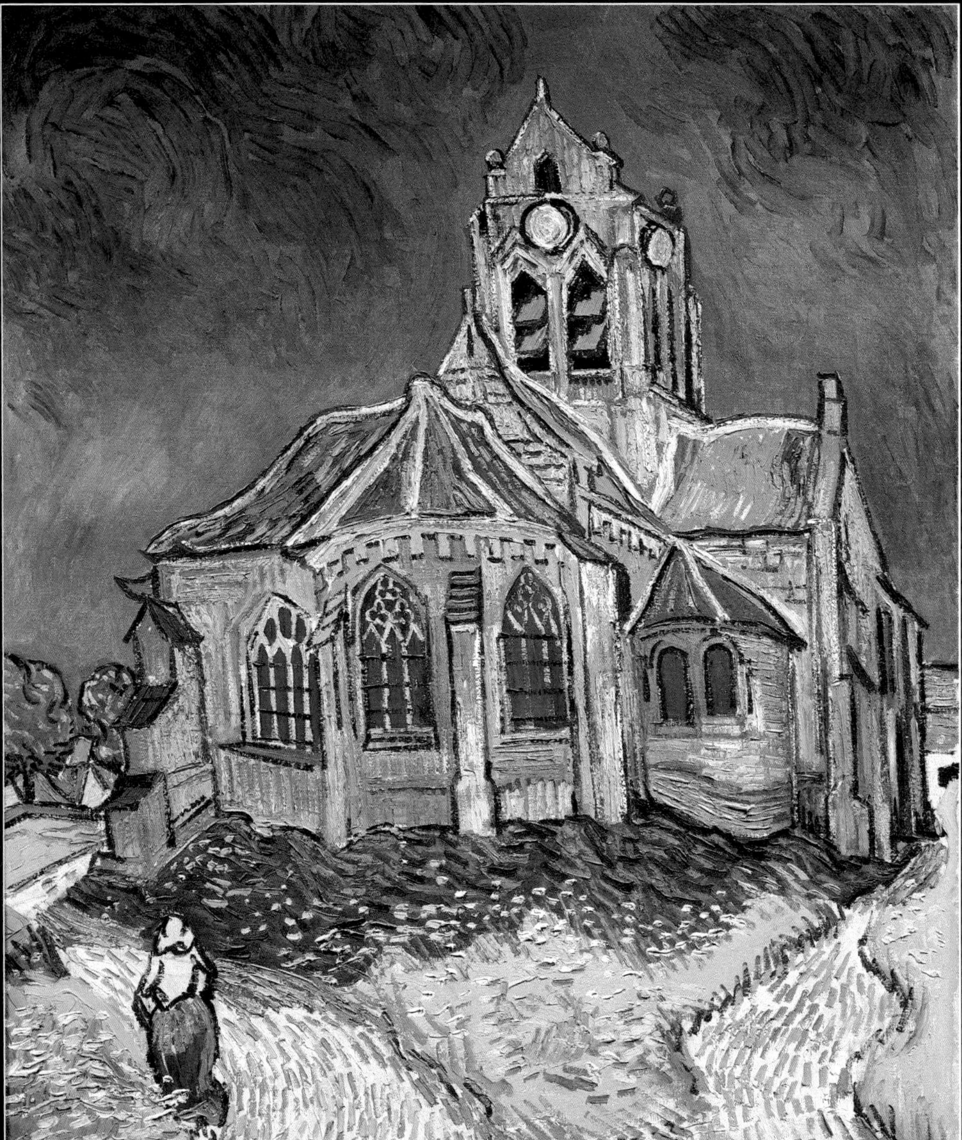

오베르-쉬르-우아즈의 교회
The Church in Auvers-sur-Oise

빈센트 반 고흐, 1890

캔버스에 유채
94 × 74.5 cm (37 × 29⅜ in)
오르세 미술관, 파리

오베르-쉬르-우아즈의 교회

반 고흐는 가셰가 자신을 치료할 능력이 없다는 것을 알았지만, 비교적 오베르의 생활에는 만족하는 듯했다. 그는 시청 바로 옆에 있는 저렴한 하숙집에서 지냈다. 방은 아주 비좁았지만 친절한 주인 라부Ravoux부부는 궂은 날씨에 밖에 나가지 못하는 반 고흐를 위해 아래층을 그의 작업실로 쓸 수 있게 했다. 반 고흐는 될 수 있으면 밖에서 그림을 그리려고 했다. 반 고흐는 일 년간의 생레미에서의 억압된 생활에서 벗어나 자유로이 산책을 즐길 수 있게 된 것에 매우 기뻐했다. 더욱이 오베르의 소작농과 초막들은 그의 고향을 상기시켰다.

〈오베르-쉬르-우아즈의 교회The Church in Auvers-sur-Oise〉에 그려진 교회는 반 고흐의 하숙집에서 작은 길을 따라 수백 미터만 가면 나오는 13세기의 교회였다. 고딕형식의 교회 외형을 정확하고 자세히 묘사하고 색은 간결하면서도 강렬하게 칠했다. 지붕에 주황색과 보라색 물감을 두껍게 발라 어두운 파란 하늘을 돋보이게 했다. 과장된 표현에 그림 속의 건물은 마치 기이한 힘에 의해서 뒤틀리고 구부러진 것처럼 보였다. 반 고흐는 교회에 강하게 반응했다. 그는 교회를 보면서 자신의 행복했었던 시절을 회상하는 듯했다. 6월 5일, 윌레미나에게 이 그림에 관한 편지를 썼다.

"이 그림을 그리면서 내가 뉘넨에 있을 때 자주 그렸던 오래된 탑이나 묘지가 생각났어." 하지만 가족과의 관계를 미뤄보아 이 건물이 고향을 생각나게 한다면 그건 꽤나 불쾌한 기분이었을 것이다. 교회 위로 위협적인 파란 하늘과 등을 돌린 여성, 마을의 소작농은 반 고흐가 오베르에서도 느끼는 소외감을 표현했다.

마지막 고비

반 고흐의 안정된 나날은 그리 길게 가지 않았다. 1890년 6월 30일, 그는 테오로부터 그의 아들 빈센트가 심하게 아프다는 소식을 들었다. 아이가 아프다는 소식에 반 고흐는 태어난 지 얼마 안 되어 죽은 자신의 형이 생각나 극심한 스트레스에 시달렸다. 그는 동생이 자신과 여름을 보내지 않고 네덜란드의 어머니에게 조카를 보여드리러 간다고 했을 때 더 깊은 절망에 빠졌다.

까마귀가 나는 밀밭

커져가는 혼란과 우울함에 반 고흐는 오베르 교외로 나가 홀로 그림을 그리기 시작했다. 그는 마을 위쪽에 위치한 넓은 벌판의 연작을 그렸다. 7월 10일 테오에게 보낸 마지막 편지 중에는 그의 연작을 설명하는 글귀가 있었다. "이 그림은 성난 하늘 아래의 밀밭을 스케치 한 것들이다. 나는 이 그림을 통해 슬픔과 극한 외로움을 표현하려 했어." 연작 중에 가장 유명한 〈까마귀가 나는 밀밭Wheat Field with Crows〉은 반 고흐의 유언과 같았다. 위협적인 하늘과 불길하게 공중에서 원을 그리고 있는 까마귀, 그리고 무르익은 옥수수밭으로 인도하는 막다른 길은 화가의 죽음이 다가오고 있음을 예언하는 듯했다.

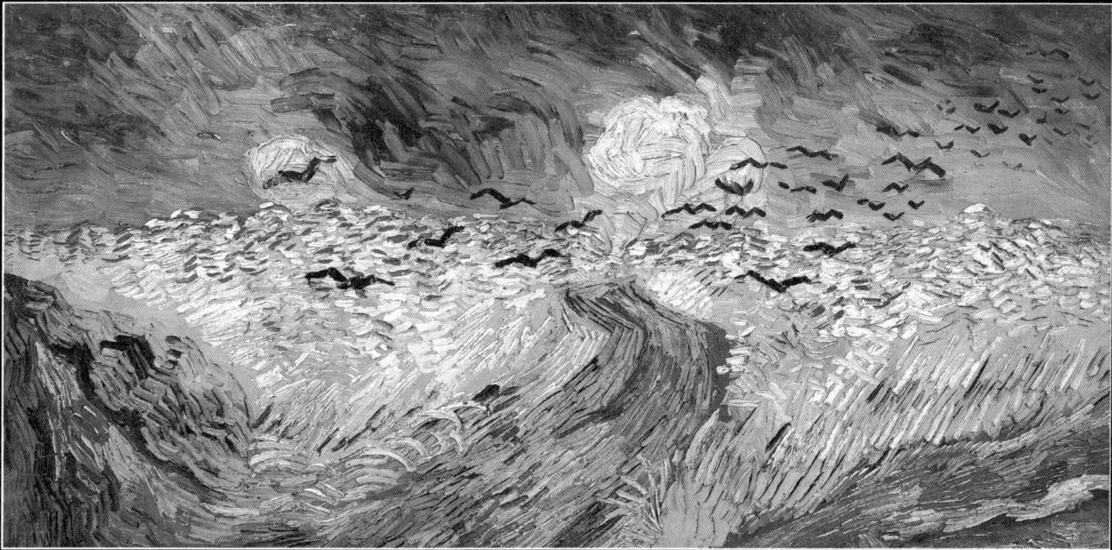

까마귀가 나는 밀밭

Wheat Field with Crows

빈센트 반 고흐, 1890

캔버스에 유채
50.5 × 103 cm (19⅞ × 40½ in)
반 고흐 미술관(빈센트 반 고흐 재단)

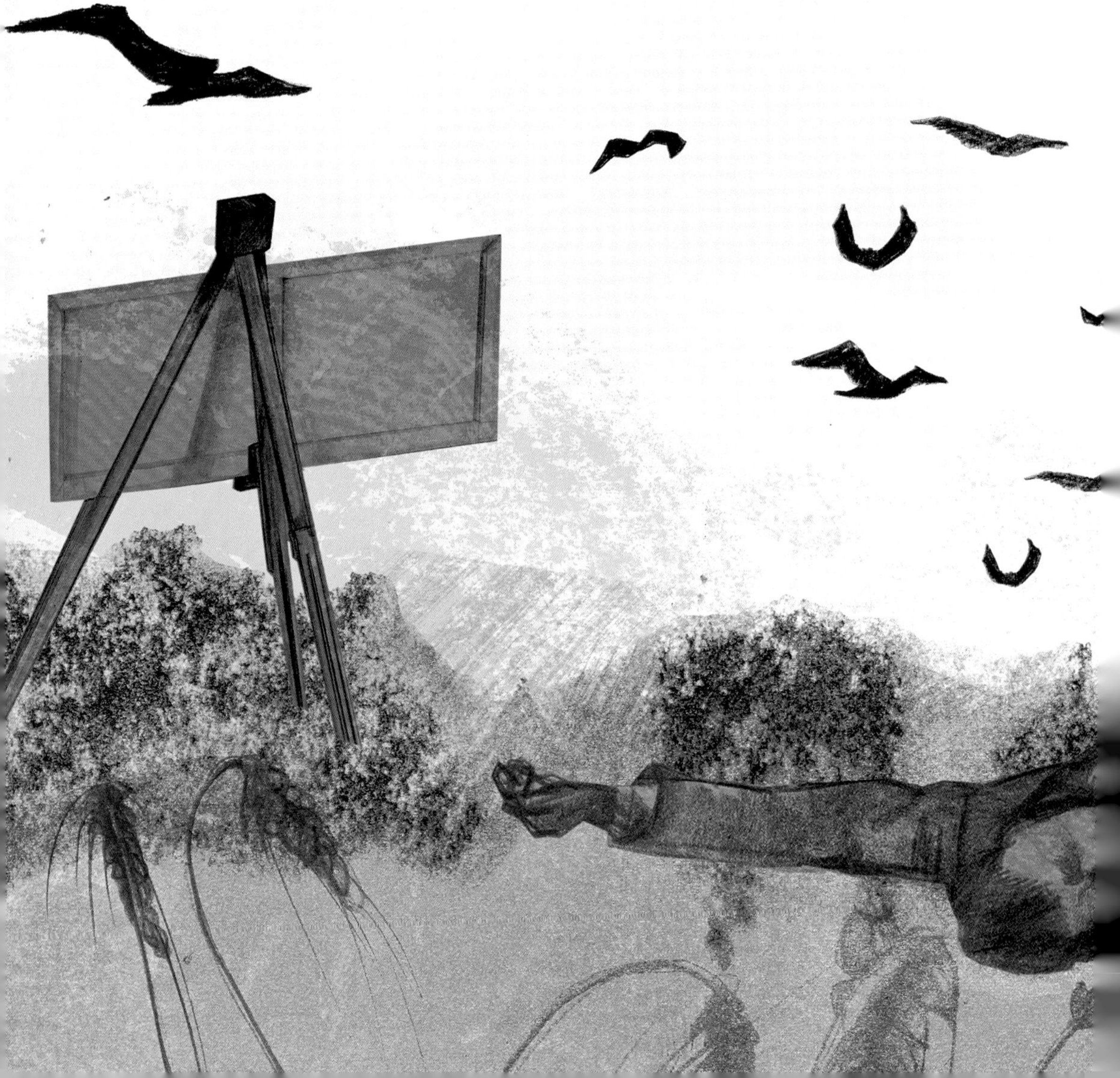

최후

1890년 7월 30일, 반 고흐는 평소와 같이 하숙집 밑의 카페에서 점심을 먹었다. 그는 다른 날보다 조금 급하게 점심을 먹고 그가 그림 그리길 좋아하는 마을 위로 발길을 서둘렀다. 그리고 무슨 일이 일어났는지는 정확히 모른다. 아마도 그는 그림을 좀 그리다가 어느 한 순간 붓을 내려놓고 평소 사냥을 하는 지인에게서 훔쳐온 리볼버를 그의 가슴에 겨눴을 것이다. 그리고 방아쇠를 당겼을 것이다.
총알은 그를 넘어트렸지만 죽음에 이르게 하진 않았다. 반 고흐는 힘겹게 하숙집으로 돌아갔고 집주인은 서둘러 마을 의사인 마제리Mazery를 불렀다. 가셰도 뒤늦게 합류했다. 둘은 반 고흐를 진찰한 뒤 총알이 그의 심장을 비껴간 것에 안도했지만, 그의 가슴에 아직 박혀있는 총알은 너무 깊이 들어가 있어 수술로도 꺼낼 수 없다고 판단했다.
가셰의 연락에 테오는 발길을 서둘러 그 다음날 정오에 도착했다. 테오는 형이 살 수 있을 거라고 생각했지만, 반 고흐의 상태는 감염으로 인해 급속히 악화되었다.
반 고흐의 숨결이 거칠어지자 테오는 그의 옆에 누워 자신의 팔에 형을 안았다. 날짜가 바뀌고 몇 시간 후 반 고흐는 숨을 거뒀다.

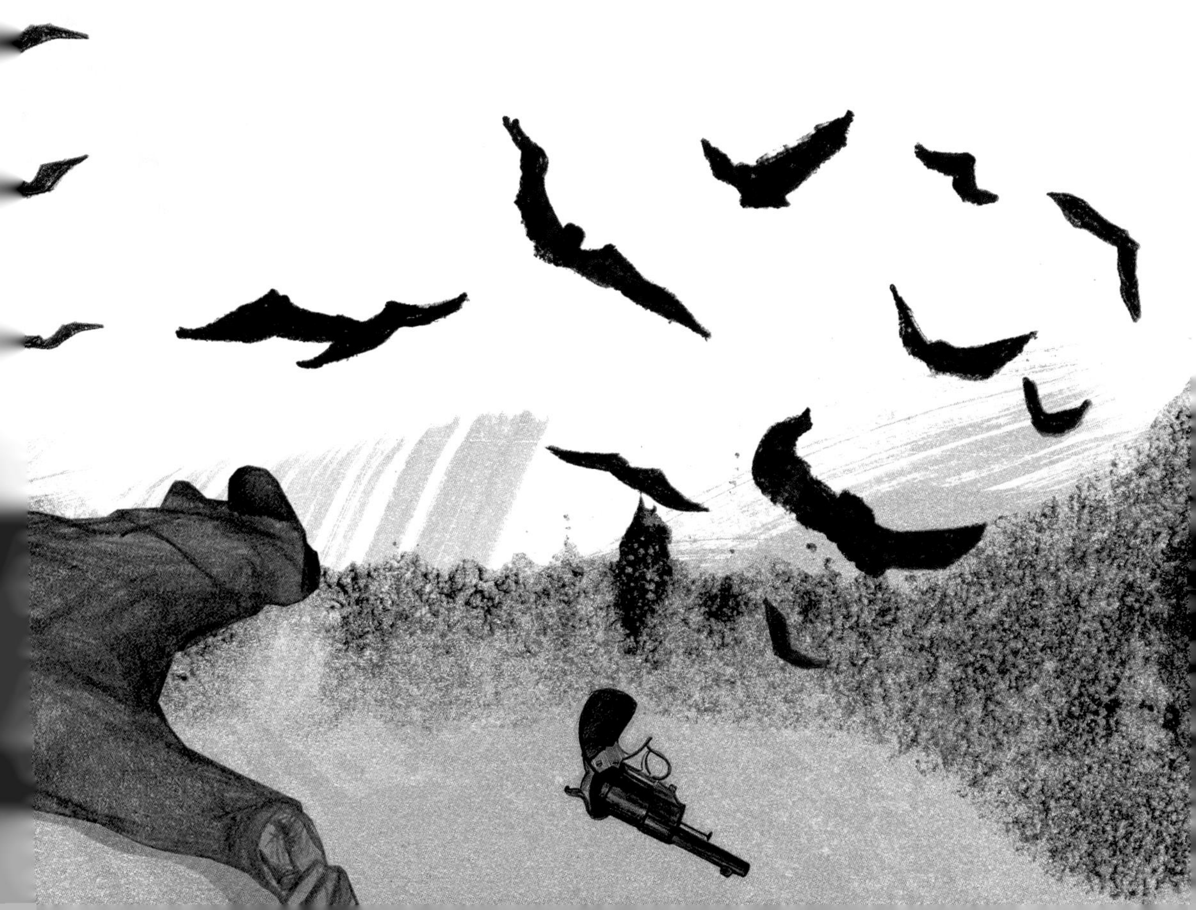

사후의 삶

반 고흐는 그의 명성이 빛나기 시작할 즈음에 죽었다. 1890년 초, 그가 자살하기 몇 달 전에 그의 작품은 파리와 브뤼셀에서 열린 현대미술전에 전시되었다. 툴루즈-로트레크, 시냐크, 모네를 포함한 유명한 화가들이 그의 작품을 높게 평가했다. 그리고 영향력 있는 비평가 알베르 오리에Albert Aurier가 소문난 문예지 〈머큐어 드 프랑스Mercure de France〉에 반 고흐를 천재라고 소개했다. 하지만 이 소식은 반 고흐에게 너무나 늦게 도착했다. 테오의 정성스러운 노력에도 불구하고 반 고흐는 살면서 단 하나의 작품을 판매했다. 그리고 테오 또한 형의 사후의 유명세를 보지 못하고 눈을 감았다. 테오는 반 고흐의 죽음으로부터 6개월 뒤 형의 옆에 묻혔다. 1890년대 중반에 반 고흐는 유럽에서 가장 위대한 화가 중의 하나가 되었다.

폴 고갱에게 바치는 자화상

1890년 6월 13일, 반 고흐는 오베르에서 여동생 윌레미나에게 두 번째 편지를 부쳤다. 그는 100년 혹은 그보다 더 오랫동안 길이 남을 초상화를 그리고 싶다고 말했다. 안타깝게도 정작 반 고흐 본인은 모르지만 그가 아를에서 그린 심오한 표정의 자화상은 그가 목표하던 바를 이루게 된다. 간결하면서도 강력한 데생과 색상의 힘, 본질을 꿰뚫어보는 그의 표정은 현재도 많은 사람들을 감동케 했다. 그림의 윗부분에는 알아보기 힘든 글씨로 '나의 친구 폴 고갱에게' 헌정한다고 쓰여 있어 더욱 연민을 유발한다. 그의 삶과 마찬가지로 그의 우정도 슬프게 끝이 났다.
반 고흐의 격렬한 감정표현은 주변사람들과의 소통을 어렵게 했다. 하지만 그가 그런 감정을 시각화하는 재능을 가졌기 때문에 100년이 더 지난 후에도 그의 작품을 보는 관람객에게 그의 감정이 끊임없이 전달된다.

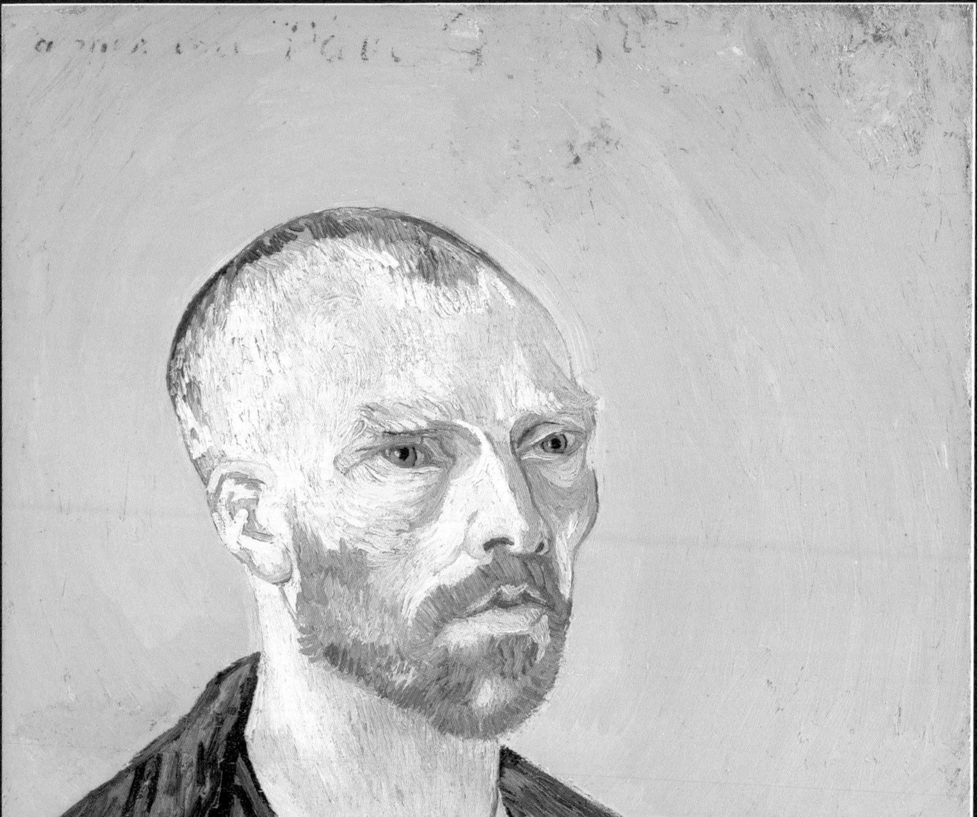

폴 고갱에게 바치는 자화상

Self-Portrait Dedicated to Paul Gauguin

빈센트 반 고흐, 1888

캔버스에 유채

61.5 × 50.3 cm (24¼ × 19¾ in)

하버드 미술관/ 포그 박물관, 모리스 베르트하임 소장품에서 유증, 1906년, 1951.65

참고 문헌

Ives, Colta, Susan Alyson Stein, Sjraar van Heugten and Marije Vellekoop Vincent van Gogh The Drawings. New York Metropolitan Museum of Art, 2005. Exhibition catalogue.

Jansen, Leo. Hans Luijten and Nienke Bakker, eds. Vincent van Gogh-The Letters. Amsterdam and The Hague: Van Gogh Museum and Huygens ING, 2009 Version: October 2013. http://vangoghletters.org. Scans of all Van Gogh's letters with translations, explanatory notes, etc

Pickvance, Ronald. Van Gogh in Arles. New York Metropolitan Museum of Art, 1984. Exhibition catalogue.

Standring, Thimothy J., and Louis van Tilborgh, eds. Becoming Van Gogh Denver: Denver Art Museum, 2012. Exhibition catalogue.

Sweetman, David. The Love of Many Things: A Life of Vincent Van Gogh. London: Hodder and Stoughton, 1990. Vellekoop, Marije, and Nienke Bakker. Van Gogh at Work. New Haven and London Yale University Press, 2013.

Walther, Ingo F., Vincent van Gogh, 1853-1890: Vision and Reality. Cologne: Taschen, 2012

Zemel, Carol M. Van Gogh's Progress: Utopia, Modernity, and Late Nineteenth Century Art Berkeley: University of California Press, 1997.

뒤표지 인용구: 빈센트 반 고흐, 1882년 7월 21일, 테오에게 보낸 편지 중에서.

작품 저작권

글

조지 로담 George Roddam

조지 로담은 영국과 미국의 여러 대학에서 미술사를 가르친다. 주로 유럽 모더니즘 연구에 몰두하고 관련 논문을 다수 발표했다. 영국 남동부 지방에서 아내와 두 아들과 함께 산다.

일러스트레이션

슬라와 하라시모비치Sława Harasymowicz

슬라와 하라시모비치는 런던에서 활동하는 폴란드인 화가다. 주요 작품 활동으로 그래픽 노블《지그문트 프로이트의 늑대인간(Sigmund Freud's Wolf Man)》을 출간한 후 런던 프로이트 박물관에서 개인전(2012)과 크라쿠프 민속박물관에서 개인전(2014)을 열었다.
아트재단 장학금(2008)과 빅토리아와 앨버트 박물관 일러스트레이션 상(2009)을 수상했다.

옮긴이

이현지

다년간 캐나다에서 거주했으며, 홍익대학교 시각디자인과를 전공했고, 현재 전문 번역가로 활동 중이다.